Copyright

Bart & Jones Publishers - Sarl au capital de 8 000 €

795 069 293 RCS Toulouse - SIRET n°: 795 069 293 00012

Siège : 'Le Ramier' 406 Chemin de Terre Blanque, 31340 Mirepoix Sur Tarn, France

Email: info@bartandjones.com

Ce livre est dédié à ma fille Aude et à ma petite-fille Cassandre.
Parce que rien n'est plus précieux que de partager ses racines avec
ceux qui sont notre cœur et notre avenir ;

Il est aussi dédié à David-Xavier Weiss, avec qui nos projets communs
parlent d'avenir et d'envie de transmettre, et qui compte à mes yeux...
infiniment.

Nathalie Bordeau

Préface

« Connais-toi toi-même : tu connaîtras l'Univers et les Dieux » . Le précepte de Socrate est aussi celui de Nathalie Bordeau, qui nous invite à accompagner le jeune celte Taliesin dans un voyage initiatique, qui va lui permettre de se connaître et d'appréhender les sources du monde.

Occasion pour nous de rencontrer les druides et leur histoire, en prenant la mesure de la dimension universaliste et archétypale du druidisme.

Le mythe de Taliesin, emblématique de la vision du monde des Celtes et des druides, sert ici de fil conducteur à Nathalie Bordeau pour nous rappeler que l'influence celtique imprègne toutes les sociétés occidentales, notamment en France, en Grande-Bretagne et en Irlande et qu'elle a de profondes connections, encore méconnues, avec les racines plus généralement identifiées de notre civilisation et de notre identité -grecque, romaine et judéo-chrétienne. Ainsi, les druides utilisaient l'alphabet grec, et beaucoup de symboles présents dans leur mythologie l'étaient aussi à l'ombre du Parthénon. Et les Romains, en contacts fréquents -et pas toujours pacifiques- avec les Celtes, nous ont livré à leur sujet des témoignages de première main, toujours très informatifs, même quand ils sont modérément objectifs.

Empruntant des chemins moins fréquentés, Nathalie Bordeau souligne aussi les proximités presque systématiquement ignorées entre la spiritualité portée par les druides et le Judaïsme, et plus particulièrement du Judaïsme à ses prémices. Elle met également en exergue l'influence des druides sur le Christianisme naissant qui, s'il les combattit, leur permit de préserver, au moins partiellement, leurs connaissances, via des druides devenus moines et réfugiés dans les premiers monastères. Si notre civilisation est gréco-romaine et judéo-chrétienne, l'apport des Celtes est indéniablement présent partout !

Et pour l'auteur, ce n'est pas une simple coïncidence si la création du « Druid Order », en 1717, à Londres, suivit de quelques jours la naissance officielle de la franc–maçonnerie spéculative. Importance du symbolisme et de l'étude, croyance en une spiritualité volontaire et personnelle, tels sont, entre autres, leurs points de rencontre.

Ayant souligné ces liens, le livre évoque également le caractère quasi universel du mythe de Taliesin, et par-delà celui-ci, de la spiritualité celtique, établissant des ponts avec la Kabbale, l'alchimie et des croyances aussi diverses et éloignées géographiquement que celles des Amérindiens ou des Hindouistes. Et, puisque quand on parle de croyances universelles et d'archétypes, la psychanalyse n'est jamais loin, Carl Gustave Jung n'est pas oublié dans cet ouvrage, pas plus d'ailleurs que Tolkien ou les personnages de la Guerre des étoiles ...

L'auteur, pétrie d'une érudition qui n'est jamais pédanterie, souligne l'actualité du druidisme, religion de la terre et de la nature, apprenant à « avoir mieux et non à avoir plus », et véhiculant une spiritualité non dogmatique. La place centrale de la femme dans ses symboles et ses mystères renforce également cette résonnance moderne.

« Il faut savoir d'où l'on vient pour savoir où l'on va » écrivait Fernand Braudel. Dans notre société qui réduit à la portion congrue l'enseignement de l'Histoire et de la philosophie, la conscience de nos racines et de l'héritage que nous portons, individuellement et collectivement, menace de s'égarer dans un présent où tout se vaut, et où tous les sujets s'effleurent, sans qu'on les mette en perspective. L'ouvrage de Nathalie Bordeau, respectueux de toutes les croyances, apporte des clés, qui pourront permettre aux jeunes (et moins jeunes...) générations d'ouvrir bien des portes.

Si le mythe de Taliesin nous enseigne, comme il est dit dans ce livre, que la créativité est nécessairement portée par une énergie féminine et par l'amour, peut-être en est-il simultanément l'illustration, de la dédicace à la dernière ligne?

Jean-Louis Scaringella

« Accordez-nous votre protection, Ô Déesse,
Et avec votre protection, la force,
Et avec la force, la compréhension,
Et avec la compréhension, le savoir,
Et avec le savoir, le sens de la justice,
Et avec le sens de la justice, l'amour,
Et avec l'amour, celui de tous les êtres vivants,
Et dans l'amour de tous les êtres vivants,
Celui des déités et de toute bonté »

Prière druidique

Sommaire

Introduction 09

Première partie : Quelques mots sur les druides et leur histoire 11

Des glaciations à l'ère des mégalithes 12
L'époque romaine et l'avènement du christianisme 17
Du druidisme clandestin à la renaissance druidique – Voyage
d'Irlande en Amérique en passant par une loge maçonnique 24
Le Vingtième Siècle : entre recherche de traditions et New Age . 30

Deuxième partie : Le mythe de Taliesin 33

Troisième partie : Le conte de Taliesin, du vecteur de la
sagesse druidique à l'archétype universel 38

Un récit initiatique 56
Le Grand Corbeau – L'expérience du Noir Absolu 64
Force spirituelle et force vitale 67
Grandir : une expérience initiatique 69
L'expérience mystique : goûter l'Awen 76
Les transformations de Gwyon et Ceridwen et la valeur
symbolique des animaux dans la spiritualité celte 81
La Femme, ultime initiatrice 84
De la dimension maçonnique à la dimension chamanique 88
Des dieux très humains qui ont besoin des hommes 93
Des transformations... encore 98
Le chaudron de Samhain, ou le creuset de la renaissance à
l'aube d'une ère nouvelle 117
Les déités de la récolte, ou savoir mourir pour renaître 128
Visiter l'intérieur de la terre : de l'incubation à l'initiation 135
Trois incubations pour une transformation 141

Conclusion 146

INTRODUCTION

Taliesin fut une figure centrale de la pensée celtique et de l'enseignement druidique, autant et plus encore que celle de Merlin, même si les récits médiévaux relatifs à la Table Ronde ont laissé à celui-ci une plus grande notoriété à travers les siècles qu'à son illustre précurseur.

Héritage d'une époque où la spiritualité de nos ancêtres, d'animiste et chamanique, devint plus symbolique et archétypale, ce mythe trouve sa source à l'époque où d'immenses cercles de pierres et autres sites mégalithiques furent érigés un peu partout en Grande-Bretagne, en Irlande, et en de nombreuses régions d'Europe continentale.

Peu à peu, à partir de 400 av. J.C. Et jusqu'au deuxième siècle de notre ère, les auteurs gréco-romains de l'Antiquité commencèrent à faire état du druidisme, et c'est à eux, tout autant qu'à une tradition orale complexe et à éclipse, sur laquelle nous reviendrons ultérieurement, que nous devons nos connaissances sur la période historique du druidisme. En effet, si les druides comptèrent sans conteste parmi les grands érudits de leur temps, et si ils savaient parfaitement écrire, généralement à l'aide de l'alphabet grec, ils nous ont laissé fort peu de documents relatifs à leurs connaissances ou à leur histoire, car ils estimaient que l'écriture fige, ce qui la rendait pratique pour les inventaires et autres documents fiscaux et comptables, mais en aucun cas applicable au savoir, qu'il soit médical, philosophique ou autre, celui-ci étant à leurs yeux, par définition, vivant et évolutif.

Occulté durant plus d'un millénaire en tant que pratique publique, du sixième siècle jusqu'à sa renaissance contemporaine, officialisée en septembre 1717 à Londres, lors d'une réunion fondatrice à *La Taverne du Pommier* –quelques semaines seulement après la naissance officielle de la franc-maçonnerie spéculative, à Londres également, à la taverne *L'Oie et le Grill*... Simple hasard du calendrier, ou marque d'un intérêt pour une spiritualité non dogmatique, alors qu'émergeait l'esprit des Lumières ? -, le druidisme entra alors dans une phase de réémergence, qui se poursuit de nos jours, en tant que dimension traditionnelle de la pensée et de la civilisation européenne.

Le mythe de Taliesin servira, dans cet ouvrage, de fil conducteur pour évoquer cette histoire complexe et multimillénaire, tout en plongeant dans les arcanes de la pensée druidique ; on verra aussi que, quoi que marqué par l'époque et le lieu où il a pris naissance, il recèle une dimension universelle, et une invitation à prêter attention à une alchimie intérieure qui est, pour chacun, aujourd'hui comme hier, un précieux chemin d'apprentissage. Il est aussi un vecteur pour souligner les points de convergence avec d'autres traditions spirituelles, d'un point de vue symbolique et historique ; il en résulte une vision pas toujours classique, mais toujours respectueuse, car les points communs et les passerelles entre des spiritualités différentes sont précisément ce qui fait de chacune de ces voies spirituelles un instrument de progrès pour l'humanité entière, et le signe d'une recherche commune de transcendance, malgré la variété des chemins empruntés... Grâce à cette variété, peut-être, auraient dit les druides ?

Première partie

Quelques mots sur les druides et leur histoire

L'époque antique vit un grand nombre de chefs de tribus, de rois et de reines, régner sur les terres que nous considérons aujourd'hui comme celtiques. Si l'unité territoriale n'y était pas de mise, une profonde unité culturelle et d'approche individuelle et collective de la vie et du monde y sont bel et bien perceptibles. Et l'un des points communs à tous ces territoires, c'est que les druides, hommes et femmes[1], y furent quasiment aussi puissants que les souverains, parfois même davantage, à certains égards. Ainsi, la voix du druide se faisait entendre avant celle du roi, et sur bien des sujets, il avait également le mot de la fin...

L'origine historique du druidisme est inconnue, et a donné lieu à de nombreuses spéculations ; certains en font même les héritiers du savoir des magiciens de l'Atlantide, après la destruction de ce continent[2] -si tant est qu'il ait existé-. Quand l'Atlantide fut engloutie, ils auraient en effet embarqué sur des navires et se seraient dirigés pour certains vers l'Ouest et les Amériques, pour d'autres vers l'est et les rives d'Irlande et de Grande-Bretagne. Les tenants de cette théorie en veulent pour preuve les nombreuses similitudes entre la pratique druidiques et le chamanisme amérindien : tous deux construisent des cercles sacrés, honorent les directions, ont un grand respect pour la Nature, croient en des guides animaux, se purifient dans des loges de sudation... J'y vois, pour ma part, plutôt une preuve de la dimension universaliste et archétypale du druidisme, tradition spirituelle autochtone des populations d'Europe de l'Ouest.

Ce qui est certain, c'est que cette tradition, au départ animiste et basée sur l'adoration d'un grand nombre de divinités, a lentement évolué vers une pratique où une déesse liée à la Nature et au cycle de la vie, de la mort et de la renaissance, occupait une place centrale, dans le rituel comme dans la vie quotidienne.

Des glaciations à l'ère des mégalithes

Comme nous l'avons déjà évoqué, les populations européennes du Paléolithique supérieur éprouvaient une

---

1   Pas de sexisme chez les druides : le Dieu et la Déesse sont deux aspects indispensables et complémentaires de la divinité, aussi l'homme et la femme ont-ils accès à toutes les fonctions officielles et sacerdotales... La société celte est, dans ce sens, infiniment plus égalitariste que matriarcale, ainsi qu'on l'a parfois dépeinte.
2   Relatée par Platon dans Critias et Timée.

vénération spécifique pour les animaux, au sein du monde naturel, ainsi que l'illustre magistralement l'art pariétal sur des sites aussi variés que Lascaux, la Grotte de Chauvet, ou encore Altamira. En effet, dans les parties les plus reculées des grands réseaux de grottes de France et d'Espagne, on trouve des images d'animaux, souvent représentés avec force détails, qui font songer à des rituels initiatiques ou magiques se déroulant au plus profond des entrailles de la Terre Mère. La datation des sites pariétaux majeurs permet d'ailleurs d'affirmer avec certitude que ces pratiques tout en évoluant au fil du temps, se sont prolongées pendant au moins trente millénaires.

Durant ces éons, les paysages, à l'extérieur des grottes, connurent de profondes modifications. Ainsi, la Grande-Bretagne et l'Irlande virent les terres qui les rattachaient au continent submergées par la fonte des glaces qui survint à la fin de la dernière grande période glaciaire -celle de Würm, qui prit fin voici un peu moins de 10 000 ans, sans COP21 pour y apporter une explication lumineuse[2]- : la Manche, la Mer d'Irlande et une grande partie de la Mer du Nord, qui n'existaient pas auparavant, se formèrent à cette occasion. On pense que la remontée du niveau des mers qui se produisit alors atteignit les 45 mètres. Après 50 000 ans, le paysage de steppe et de toundra qui avait recouvert l'Europe se transformait en forêt de conifères, sous l'effet du brusque réchauffement des températures.

Sur une terre devenue plus accueillante, parce que le sol avait cessé d'y être gelé, à part sur quelques décimètres en été, la flore se diversifia considérablement, et on vit fleurir bouleaux, noisetiers, chênes, ormes et tilleuls aux côtés des pins. Et, dans ce monde nouveau, les grandes migrations de population commencèrent, entraînant des évolutions sociales, culturelles et linguistiques sans précédent. L'Irlande et les îles britanniques furent ainsi peuplées par des vagues successives de tribus arrivant d'Europe continentale qui, au fil des millénaires, connurent un brassage tel que la détermination des « premiers habitants » de ces contrées restera sans le moindre doute un vœu pieux. On ne peut par contre douter du fait que les pratiques religieuses de ces nombreuses tribus, et que leurs contemporaines en Europe de l'Ouest, se sont lentement cristallisées à partir de leur mémoire ancestrale - probablement l'objet d'une précieuse transmission orale au coin du feu... vecteur d'apprentissage et d'appartenance...- et de leurs rapports avec cette terre renouvelée et modifiée qui naissait chaque jour autour d'eux ; c'est de cette époque que l'on peut dater les prémices du druidisme.

Cette nouvelle vénération de la Déesse, fortement teintée d'animisme et de chamanisme, a ainsi sans aucun doute intégré des croyances et pratiques en provenance des steppes russes, des plaines ibériques, ou encore des montages d'Anatolie orientale, le tout s'étant progressivement adapté à l'esprit des îles britanniques et de l'Europe occidentale.

C'est vers 4200 avant notre ère que sont érigés les premiers monuments mégalithiques, au départ des pierres levées isolées, puis des cercles de pierres, des tumuli regroupant parfois de nombreuses sépultures, etc... L'orientation de ces monuments est remarquable, et témoigne qu'une grande connaissance des déplacements du soleil et de la lune au fil de l'année, des étoiles, de la précessions des équinoxes, toutes choses dont la prise en compte implique une connaissance fine des pythagoriciennes, près de quatre millénaires avant la naissance de Pythagore (vers 580-495 av. J.C.).

Les monuments mégalithiques eux-mêmes revêtent une dimension archétypale et universelle : en effet, loin de se cantonner aux seules îles britannique, voire à l'Europe occidentale, ils sont également présents au Japon, en Chine, en Inde et au Pakistan, en Corée, au Tibet, mais aussi au Proche et au Moyen-Orient, dans les îles du Pacifique, en Afrique et dans les deux Amériques... C'est-à-dire, au final, peu près partout à la surface du globe. Ils demeurent cependant très caractéristiques du Néolithique de l'ouest de l'Europe, car ceux qui s'y dressent sont non seulement les plus anciens, mais aussi les plus imposants. Évoquer les monuments mégalithiques, c'est ainsi, bien souvent, dans l'imaginaire populaire, faire référence à Stonehenge, situé dans le sud-ouest de l'Angleterre, dans la plaine de Salisbury.

Gigantesque calculateur d'éclipse et monument à l'éternité, Stonehenge est composé de gigantesques blocs de pierre, hauts de plus de 13 mètres, qui servent de support à des dalles massives, pesant plusieurs tonnes. Un cercle extérieur entoure une structure interne en forme de fer à cheval, elle-même composée de cinq trilithes, tous positionnés de telle sorte que le soleil, le jour du solstice d'été, entre par le portail formé de deux gigantesques pierres levées. C'est ainsi qu'à l'aube de ce point culminant de l'été -pour les druides, les solstices et les équinoxes marquaient le milieu des saisons, et non leur commencement-, les rayons du soleil pénétraient cette quintuple structure en forme de chaudron, renouvelant pour toute une année la fertilité de la terre via cette matrice, ce creuset symbolique.

On doit noter que la période mégalithique s'étend sur une très longue durée : environ 25 siècles. Bien évidemment, une période aussi longue et aussi ancienne n'est pas exempte de querelles d'historiens, dont l'une des principales concerne l'attribution ou non aux druides de la construction de Stonehenge. En effet, un courant classique d'historiens avait coutume d'affirmer que, puisque les druides étaient les prêtres des Celtes, et que les Celtes n'étaient arrivées sur les terres de Grande-Bretagne que vers 500 avant notre ère, il était tout à fait impossible qu'ils soient liés de près ou de loin à la construction de Stonehenge, puisque aucun monument mégalithique ne semble avoir été construit postérieurement à 1400 av. J.C., soit un hiatus de près d'un millénaire. Cependant, depuis les années 1960, cette affirmation péremptoire a été largement nuancée, notamment du fait d'une prise de conscience de la grande complexité de l'origine des populations celtes[3], qui permit de reculer l'arrivée de proto-Celtes en Grande-Bretagne jusque vers 2000 avant notre ère, c'est-à-dire en plein cœur de la période d'érection des mégalithes, ce qui rendait possible, voire probable, leur implication dans leur conception et leur construction. De nos jours, la communauté des archéologues, des historiens et des préhistoriens, demeure très partagée quant aux conclusions de ce débat, certains soulignant le manque de continuité entre les constructions et les pratiques religieuses du deuxième et du premier millénaire, alors que d'autres font au contraire valoir une continuité génétique et culturelle, cette dernière conception contredisant l'idée d'une « invasion celtique ». La dimension d'astronomie rituelle, de plus en plus associée à ces monuments au fur et à mesure qu'on les étudie, plaide bien évidemment en faveur de l'hypothèse de leur

---

3   Avant les années 60, les historiens pensaient que les populations celtes avaient pour berceau unique l'Europe centrale, et n'avaient atteint les îles britanniques que vers 500 av. J.C. ; depuis, l'idée d'un développement graduel de la langue et de la culture celtiques via des interactions et un métissage progressif entre des populations déjà implantées et d'autres, en provenance de différents points du continent européen, s'est fait jour,, à la faveur d'études linguistiques et portant sur la génétique des populations.

origine druidique.

Il faut aussi souligner qu'il n'y a pas vraiment d'unicité culturelle originelle des populations celtes, dès lors que l'on s'éloigne de l'Irlande, de la Grande-Bretagne et de l'Europe de l'Ouest. En effet, si l'on retrouve des populations celtes jusqu'en Turquie, on doit souligner qu'à l'époque où l'on érige des mégalithes dans cette aire géographique somme toute restreinte, celles de Grèce et des Balkans centraient leur culte sur des sanctuaires domestiques alors que celles d'Italie le célébraient essentiellement dans des grottes, par exemple. La problématique mégalithique est donc complexe puisque, malgré une dimension archétypale et universelle à travers le globe, elle ne concerne pas tous les Celtes, dont les pratiques cultuelles, d'ouest en est, présentaient indéniablement des différences considérables.

C'est donc en Europe occidentale que ce proto-clergé a donné naissance aux druides, caste comportant aussi les bardes et les ovates en tant que sous-groupes aux fonctions spécialisées, et dont le corpus d'enseignements et de pratiques est arrivé à maturité aux alentours de 200 avant notre ère. On sait qu'à cette époque, des druides issus d'un territoire étendu se réunissaient périodiquement dans des Bois Sacrés, ou *nemetonae*, et que certains druides d'Irlande et de Gaule se déplaçaient jusqu'en Grande-Bretagne pour parachever leur formation : si le druidisme ne concerne pas toute l'aire celtique, on est donc bien en présence d'une véritable unité culturelle et cultuelle de l'aire druidique.

On peut supposer que nos connaissances sur la période mégalithique sont en passe de s'approfondir, voire de faire l'objet d'une réinterprétation partielle, dans les prochains mois ou les prochaines années, au fur et à mesure que seront connues les conclusions concernant le site préhistorique découvert début septembre 2015 près de Stonehenge, grâce à des techniques de prospection géophysiques. La structure, circulaire, d'un diamètre de 500 mètres, est dotée d'une circonférence de 1,5 kilomètre, matérialisée par plus de 200 pierres, et daterait de 4 500 ans environ. Plus ancien que Stonehenge, nul doute que ce nouveau monument portera des éléments au dossier des mystérieux bâtisseurs celte et de leur civilisation des mégalithes...

L'époque romaine et l'avènement du christianisme

Une centaine d'années avant notre ère, le druidisme était une religion solidement établie, en particulier en Gaule, en Irlande et en Grande-Bretagne. Même Jules César, pourtant peu soupçonnables de sympathie envers les druides, quand il les évoque dans *La Guerre des Gaules* (52 av. J.C.), les décrit comme une élite savante de philosophes, d'astrologues, de devins, de ritualistes, de médecins, de juges et de conseillers politiques et juridiques. Il décrit aussi les écoles druidiques, réunissant un grand nombre de jeunes gens des deux sexes, qui apprennent par cœur un nombre considérable de vers et récits jamais transcrits.

Revenons un instant sur ce refus druidique d'inscrire le savoir sur le parchemin ou dans la pierre, de peur de le figer, alors qu'ils écrivaient couramment des inventaires ou autres données pratiques relatives au quotidien. Il est intéressant de souligner que c'est l'antithèse exacte de l'attitude des Égyptiens de l'Antiquité, pour qui écrire revenait à concrétiser matériellement un fait ou une volonté : quand le pharaon concluait une audience par la formule « Que cela soit écrit ! », cela signifiait ainsi qu'il ordonnait que ce qui y avait été décidé soit accompli sans délai.

De ce point de vue, si le Judaïsme, le Christianisme et l'Islam, religions du Livre se référant chacune à un texte écrit, considéré d'origine divine, donc non modifiable, ont plus puisé dans l'héritage de l'Égypte[4] que dans celui des druides, il ne faut pas manquer de noter que la Kabbale, fondamentale dans la pensée juive et presque autant dans la pensée chrétienne, renoue au contraire avec le caractère non figé de la pensée, cher aux philosophes celtes. En effet, si la Kabbale ne modifie jamais la lettre du texte, elle encourage l'exploration incessante de nouveaux chemins quant à sa compréhension et à son interprétation, ainsi qu'une adaptation permanente au monde et à ses réalités. C'est la Kabbale qui a permis à l'Europe de sortir du dogmatisme du Moyen Age pour aller vers la pensée plus ouverte et curieuse de la Renaissance, puis vers l'ère moderne et l'esprit encyclopédique des

---

4   Il s'agit de toute évidence d'une influence réciproque : par exemple, le monothéisme d'Akhenaton naît dans un contexte où la présence des Hébreux sur la terre d'Egypte a déjà rendu cette idée familière. Le fait que le dieu d'Akhenaton ne soit ni anthropomorphe, ni doté d'une représentation animale, plaide aussi dans ce sens.

Lumières.

L'absence de Kabbale d'inspiration coranique va de pair avec l'idée que, dans l'Islam, le message divin est complet et achevé, donc non interprétable, non adaptable et non perfectible... Une absence totale d'influence druidique, modératrice et attachée au caractère multiple de la vérité, qui ne va pas, ainsi que l'actualité le prouve chaque jour, dans le sens de la tolérance, ni dans celui d'une adéquation avec les valeurs centrales des démocraties occidentales, creusets de pluralisme politique et religieux.

Notons que, s'agissant du Judaïsme, la dimension de religion du Livre ne doit pas occulter celle, originelle, de religion de la Terre : si la religion juive est bel et bien fondée sur un texte écrit, la Torah, reçue par Moïse sur le Mont Sinaï en l'An 1280 avant notre ère, la tradition évoque aussi le fait qu'il reçut en même temps des connaissances orales, non destinées à être couchés par écrit pour conserver une certaine flexibilité et se garder d'une interprétation trop littérale et d'une perte de la capacité d'adaptation aux événements et aux circonstances. Cette dimension relie indéniablement le Judaïsme aux religions de la Terre, et notamment au druidisme, avec lequel il partage, en outre, cette notion du caractère fondamental de l'enseignement et de la transmission. La linguistique elle-même souligne d'ailleurs ce caractère central : le mot Torah, qui peut désigner à la fois les écrits reçus par Moïse et la tradition orale communiquée depuis de génération en génération, a la même étymologie que le mot hébreu *hora'ah*, qui signifie « instruction » ou « enseignement ». La Torah n'a même pas besoin de contenir une injonction de transmission : son nom lui-même l'implique, faisant écho aux dix-neuf années de formation -la moitié d'une vie, à l'époque!- que les Celtes estimaient indispensables pour faire un druide accompli. On peut aussi souligner que l'étude à elle seule est une bénédiction, dans le Judaïsme comme pour les druides : les Juifs récitent en effet depuis de nombreux siècles, avant de commencer l'étude, souvent quotidienne, de la Torah, une bénédiction qui dit *« Bénis sois-Tu, Seigneur notre Dieu, Roi de l'Univers, Qui nous a sanctifié par tes commandements et nous a demandé de nous consacrer aux paroles de la Torah »*. La valeur intrinsèque de l'étude, avec ou sans obéissance, est ici le miroir de l'importance accordée par le druidisme à la transmission des connaissances, puisque à leurs yeux *« un savoir n'est jamais perdu »*...

Mais revenons plus spécifiquement aux druides, caste sacerdotale des Celtes qui, donc, fait usage du grec pour écrire, mais note seulement des informations pratiques, et non ce qui relève du savoir ou de la pensée, de peur de les figer... Les druides, qui étudient tant la morale que la philosophie naturelle, jouissent d'un respect exceptionnel parmi les populations celtes ; ils s'organisent en une triade thématique, correspondant aussi bien à une progression dans le savoir qu'à des attributions fonctionnelles : bardes -chanteurs et poètes-, ovates -devins et guérisseurs- et druides -philosophes et enseignants-. Cette caste sacerdotale divisée en trois sous-groupes au sein d'une société elle-même ternaire, puisque divisée en druides, guerriers, et le reste de la population -agriculteurs, commerçants, serviteurs-, est très caractéristique des peuples indo-européens. Notons que, toujours dans cette volonté de ne pas figer, il ne saurait s'agir ici de castes fermées : capacités, efforts et études peuvent permettre de passer de l'une à l'autre en toute légitimité.

Le druidisme continua à s'épanouir librement jusqu'au Vème siècle de notre ère, du moins en Irlande, cœur de la culture celtique. Mais l'influence de la présence romaine fit qu'en Gaule comme dans une grande partie de la Grande-Bretagne, le paganisme romain eu tendance à fusionner avec les pratiques cultuelles locales - syncrétisme courant et hautement souhaitable du point de vue de Rome, puisque favorable à l'unité culturelle de l'Empire-. Cette tolérance à vocation assimilatrice des Romains ne put cependant s'appliquer aux druides, non pas pour des raisons religieuses, mais parce que cette élite intellectuelle qui avait préséance sur bien des sujets sur les rois et les chefs de guerre représentait un contre-pouvoir politique et une autorité morale incompatibles avec la volonté hégémonique de l'Empire. Ils prirent donc le parti de les détruire, avec force hésitation, du fait de l'habitude romaine de respecter les religions et les lieux de culte des peuples soumis. C'est pourquoi il n'existe que deux cas répertoriés et documentés d'action hostile directe des Romains à l'encontre des druides.

La première, ce fut l'interdiction par l'Empereur Claude, lors d'une période de grande tension géostratégique, de la pratique du druidisme en Gaule. La seconde fut une action de représailles quand, à la suite de l'assaut mené par la reine Boadicée contre leurs légions, les Romains attaquèrent l'un des grands bastions druidiques, en l'occurrence l'île sacrée de Mona -aujourd'hui

Anglesey-, au large de la côte nord du Pays de Galles. Tacite a décrit cet événement et la surprise des soldats romains de se trouver confrontés à des druides hurlant des malédictions à leur encontre et *« des femmes de noir vêtues, échevelées comme des Furies, brandissant des torches ».* La crainte éprouvée par les Romains servit de support et de justification à leur cruauté : non seulement ils anéantirent les sanctuaires et les bois sacrés de l'île, mais ils massacrèrent la majorité de ses défenseurs, hommes et femmes.

Le début du Vème siècle vit les Romains abandonner la Grande-Bretagne pour recentrer leurs forces sur leur empire, lui-même en déliquescence. Ils laissèrent derrière eux des missionnaires chrétiens, débarqués sur ces côtes une centaine d'années plus tôt. Cette nouvelle foi convertit graduellement les populations au cours du siècle suivant, en persécutant systématiquement la religion des druides, de même que toute forme d'opposition. A la cour royale de Tara, en Irlande, deux druides prophétisèrent d'ailleurs *« qu'un nouveau mode de vie était sur le point d'arriver depuis l'étranger, assorti d'un enseignement inouï et encombrant, qui renverserait des royaumes, assassinerait les rois qui lui résisteraient, bannirait tous les ouvrages de leur savoir magique, et qui régnerait à tout jamais ».*

Certains historiens ont voulu théoriser sur une coopération entre les druides et les chrétiens nouvellement arrivés en Grande-Bretagne, mais ce mythe ne résiste pas à l'examen de la réalité historique, et vient essentiellement du fait qu'au XIème et XIIème siècle le clergé chrétien d'Irlande témoigna d'un regain d'intérêt pour son passé païen, et multiplia donc les écrits témoignant, à des siècles de distance, d'une intégration harmonieuse. La lecture des écrivains chrétiens des VIIème et VIIIème siècle, qui soulignent la profonde antinomie entre christianisme et druidisme ne laisse cependant que fort peu de place à cette image d'Épinal.

Cependant, si la prééminence, puis la présence exclusive des chrétiens en lieu et place des druides en tant qu'ordre sacré et dans la vie publique fut rapidement acquise, le savoir druidique en lui-même trouva bien des vecteurs de transmission et de survie. A commencer par les écoles bardiques -nous y reviendrons-, où l'on enseignait la poésie, la musique, les contes et les chants traditionnels, qui furent tolérées jusqu'au XVIIème siècle en Irlande et jusqu'au XVIIIème siècle en Ecosse. Par ailleurs, les collines, puits sacrés, voire cercles de pierres demeurèrent des lieux de culte privilégiés, devenant simplement des lieux saints ou miraculeux, objets de pèlerinages chrétiens, les dieux et les déesses étant transformés en saints et saintes par les nouveaux convertis avec une extraordinaire aisance. La permanence des lieux de culte lors de la conversion à une nouvelle religion est d'ailleurs un phénomène constaté aussi en Europe continentale, où nombre des premières églises chrétiennes furent bâties sur l'emplacement de temples de Diane[5].

On considère généralement qu'à la fin du VIème siècle, la majorité des populations européennes étaient christianisées. Pourtant, en particulier dans les zones rurales reculées, ce christianisme demeurera purement nominal parfois durant des siècles, et bien des pratiques traditionnelles survivront. De même, les ovates -ou vates-, spécialistes de la médecine, de l'obstétrique et de la phytothérapie, continueront, sans plus porter ce titre, à pratiquer leur art et à transmettre leur savoir, en introduisant dans leurs prières et bénédictions, par souci de discrétion, un habillage de christianisme. Ces précautions sémantiques n'empêchèrent d'ailleurs pas, à l'époque de l'Inquisition, de nombreuses guérisseuses et sages-femmes compétentes, héritières, souvent sans le savoir, d'une partie des connaissances de Ovates, d'être condamnées au bûcher pour sorcellerie, en général pour avoir trop bien réussi dans leur mission de soin, ce qui apparaissait comme « anti naturel »... alors même qu'elles n'en avaient été capables que grâce à leur grande connaissance de la Nature. Et il est intéressant de noter que, sur les mêmes bûchers, on retrouvait parfois des Juifs, associés aux héritières de la tradition druidique dans un même rejet de tout ce qui avait précédé le Christianisme.

Si de nombreux bardes s'établirent comme ménestrels poètes ou scribes, et si certains druides se convertirent, mettant à profit leurs compétences pour devenir avocats, enseignants ou juges, d'autres, soucieux de la préservation du savoir, intégrèrent dans ce but les lieux les plus susceptibles d'y concourir : les monastères chrétiens où, dûment baptisés, leur érudition leur permit souvent de devenir frères bibliothécaires ou copistes, et ainsi de préserver, sous un habillage chrétien, des trésors de la sagesse druidique. C'est ainsi que nous sont parvenus un certain nombre de

---

5   Notamment des églises mariales, du fait de la référence commune à la virginité.

proverbes, connus sous le nom de « Triades », ainsi que de
nombreux récits et mythes.

Paradoxalement, une littérature relativement abondante nous
permet donc de connaître une partie non négligeable de la pensée
de ces philosophes qui ne la fixaient pas par écrit. On peut évoquer,
dans ce cadre, les premiers textes arthuriens, les triades galloises
et irlandaises, les sagas irlandaises, ou encore les contes gallois
issus du *Livre Rouge de Hergest* et du *Livre Blanc de Rhydderch*.

Mais revenons un moment sur les écoles bardiques qui, si elles
durent, en raison de la prééminence du christianisme, se faire
discrètes durant le dernier millénaire de leur existence, n'en
demeurèrent pas moins un vecteur de transmission privilégié de la
sagesse druidique, et sans doute l'un des plus directs.

Tant qu'ils eurent une existence officielle en tant qu'ordre et
une légitimité sociale, culturelle et cultuelle, c'est-à-dire environ
jusqu'au VIème siècle, les druides assurèrent la charge des écoles
qui formaient les bardes. On pouvait alors distinguer deux sortes
d'écoles : celles qui avaient une existence permanente en un lieu
géographique défini, comme celle de la communauté des druides
de Kildare, en Irlande, et celles, itinérantes, qui s'organisaient
autour d'un druide d'exception, que ses élèves suivaient au cours
de ses déplacements.

Si, dès l'avènement du Christianisme, ces écoles devinrent
nominalement chrétiennes, elles restèrent souvent distinctes des
collèges ecclésiastiques, en particulier en Irlande, où elles furent
considérées comme laïques. Conformément à la volonté du chef
barde d'Irlande d'alors, Dallan Forgaill, des règles relatives à la
gouvernance de ces écoles furent promulguées lors d'une
convention qui se déroula dans le comté de Derry, en l'an 574 de
notre ère. C'est à cette occasion que les écoles itinérantes se virent
attribuer un site permanent, financé par les clans locaux. Poètes,
historiens, magistrats et médecins furent dès lors formés dans ces
écoles laïques à l'héritage druidique omniprésent, qui
fonctionnaient parallèlement à celles de l'Église.

A partir du début du XVIIème siècle, cependant, la politique
gouvernementale devint hostile à ces écoles, tant en Écosse qu'en
Irlande. Mais elles avaient d'ores et déjà permis, pendant tout un

millénaire, la transmission d'une partie de l'héritage druidique, mais aussi d'une conscience aiguë, dans la population, de ses racines celtiques, ailleurs demeurées moins vivaces dans les mémoires -notamment sur le continent, où l'influence de l'Église était sans partage. Cette nouvelle hostilité est très largement à mettre sur le compte de la volonté de voir émerger une identité britannique s'appuyant sur la langue et la culture anglaise, ce qui nécessitait le recul de tous les particularismes locaux, surtout les mieux ancrés. Pourtant, certaines de ces écoles parvinrent à demeurer en activité au cours de ce siècle chaotique.

A l'aube du XVIIIème siècle, les écoles bardiques, avaient cessé d'exister en Irlande, et disparurent au cours des décennies suivantes en Écosse et au Pays de Galles. C'est alors que l'on vit émerger les Hedge School – ou Ecoles des Haies -, où des enseignants irlandais faisaient cours en plein air, en secret, embusqués derrière une haie, un enfant faisant le guet pour avertir de l'arrivée éventuelle des soldats anglais. Notons qu'à la même période, les collèges monastiques avaient également été sacrifiés sur l'autel de l'identité britannique, ce qui fait que les Hedge School ne furent pas exclusivement bardiques.
Les Hedge School, dans leur dimension de poursuite clandestine de la transmission d'un savoir interdit, ne sont d'ailleurs pas sans précédent historique. Par exemple, les toupies que les enfants, dans la tradition juive, font tourner au moment de Hanouka, outre la signification des quatre lettres qui y sont gravées[6], font référence à la période de l'occupation gréco-syrienne qui, dans une volonté d'assimilation forcée, interdit la plupart des coutumes propres à la religion juive, notamment la circoncision, mais aussi la transmission de toute connaissance religieuse ou culturelle qui lui était liée. Les enfants se rassemblaient donc autour d'un maître, et faisaient semblant de jouer à la toupie pendant qu'ils recevaient son enseignement, ce qui permit une transmission ininterrompue, et une préservation de la connaissance. Ce fut aussi le rôle des Ecoles des Bosquets, qui contribuèrent à garder vivante sans la nommer la tradition druidique.

---

6   « Un grand miracle s'est produit ici », pour ceux qui se trouvent en Israël ; « Un grand miracle s'est produit là-bas », pour les autres, en référence à l'huile qui brûla durant 8 jours, alors que la fiole en contenait à peine pour une journée, lors de la reconsécration de l'autel des offrandes dans le Second Temple de Jérusalem, après le victoire des Macchabées sur les occupants grecs.

Du druidisme clandestin à la renaissance druidique – Voyage d'Irlande en Amérique en passant par une loge maçonnique

Durant le millénaire qui s'étend du VIème au XVIème siècle, le druidisme perdura donc, souvent sans dire son nom, dans le folklore, les coutumes et la mémoire populaire mais aussi, comme nous l'avons vu, dans les manuscrits des moines chrétiens, où furent transcrits de vieux contes et des légendes, habillés d'un vernis les rendant acceptables pour la nouvelle religion dominante. Les plus anciens récits relatifs au Roi Arthur et à la Table Ronde, occasions d'évoquer Taliesin, Merlin, l'île d'Avalon et les anciennes tribus, en sont certainement l'exemple le plus évident, mais certainement pas le seul. L'esprit et le sens d'origine de ces textes, ainsi partiellement préservés, demeurent accessibles et compréhensibles, pour peu qu'on se donne la peine de se livrer à une lecture attentive et analytique. Paradoxalement, c'est donc parce que l'Eglise chrétienne l'a, souvent à son insu, adoptée et adaptée, qu'une partie de la sagesse druidique, qu'elle voulait voir disparaître, a pu être préservée.

Un autre indéniable vecteur de survivance du druidisme, et sans doute le plus tangible, est à distinguer au travers les nombreux monuments, tels Stonehenge, Carnac ou Newgrange, qui en portent témoignage, en Irlande, en Ecosse, en France et en Grande-Bretagne, mais aussi à travers la plus grande partie de l'Europe, avec une densité variable -plus importante à l'ouest, plus ténue au fur et à mesure qu'on se dirige vers l'est-. Pierres levées, puits sacrés, tumuli, sentiers anciens... la liste des témoignages donnant accès à la connaissance de l'existence des druides est longue, et constituée d'éléments qui survivent sans peine aux millénaires, même si certains ont fait l'objet de destructions, ou ont vu leurs matériaux réutilisés à d'autres fins. On en dénombre, ainsi, plus d'un millier qui ont survécu jusqu'à nos jours, rien qu'en Grande-Bretagne.

Loin d'être de simples édifices ou délimitations de lieux de culte à ciel ouvert, ces monuments sont de véritables livres de pierre, qui permettent de découvrir la cosmologie et les connaissances astronomiques de leurs bâtisseurs.

Revenons sur les coutumes : si certaines nous sont parvenues intactes ou à peine déformées via ces vecteurs multiples, beaucoup d'éléments nous restent inconnus, beaucoup de mystères demeureront irrésolus. Impossible, par exemple, de savoir avec certitude si, durant ce millénaire d'éclipse du druidisme, il a ou non existé des groupes secrets qui poursuivaient la pratiques des rituels traditionnels, notamment dans les communautés rurales. Il est tentant de le supposer, et ce n'est pas absurde, mais il est totalement impossible de le prouver. On peut néanmoins citer de nombreuses survivances qui le laissent à penser, comme les grands feux allumés en terres celtes le 1er novembre -fête du feu s'il en fut pour les druides-, les pièces de monnaies jetées dans les puits et fontaines -jusqu'au cœur de Rome : il suffit de voir la Fontaine de Trevi!- pour qu'un vœux soit exhaussé, les friandises quémandées par les enfants à Halloween[7], ou encore la coutume de s'embrasser sous le gui à Noël, c'est-à-dire peu ou prou au moment du solstice d'hiver.

Au XVIème siècle, un regain d'intérêt pour ce druidisme présent en filigrane dans les contes et légendes, ainsi que dans de nombreuses habitudes et traditions, se manifesta ouvertement, aidé par l'esprit d'ouverture sur l'héritage du passé qui se faisait jour avec la Renaissance et par l'imprimerie, formidable invention de Gutenberg qui révolutionna l'accès au savoir. En effet, la Renaissance permit de redécouvrir de nombreux corpus de documents grecs et romains et, parmi ceux-ci, les récits concernant les druides... Traduits en langues vernaculaires, ils devinrent accessibles à un plus grand nombre de personnes, même s'il faut garder en tête qu'à cet époque seulement un tiers de la population européenne savait lire, et que fort peu avaient le temps, l'argent et les connaissances nécessaires pour s'intéresser l' l'Histoire.

L'image que les intellectuels anglais, français ou allemands se faisaient de leurs ancêtres ne s'en trouva pas moins profondément modifiée, les brutes barbares vivant dans des huttes, ignorants et immoraux, car non lavés par le baptême du péché originel, ainsi que les dépeignait l'Église, devenant des philosophes dotés de connaissances mathématiques, astronomiques et médicinales pointues, des juges et des poètes inspirés.

---

7   Le 1er novembre était la date de la nouvelle année pour les Celtes. Et, comme dans toutes les civilisations, sous une forme ou sous une autre, la tradition de débuter l'année avec quelque chose de sucré, symbole de la douceur souhaitée pour la période qui s'annonçait, était présente...

La Renaissance est donc bel et bien une période cruciale, pour la connaissance du druidisme et pour la connaissance en général, la volonté d'explorer le passé s'accompagnant de celle de comprendre et de découvrir le monde en général, et donc d'explorer largement la planète. La découverte de l'Amérique s'inscrit dans ce contexte, de même que l'arrivée en Europe des premiers récits concernant ces « sauvages nobles » dont la philosophie et les us et coutumes présentent de troublantes similitudes avec ce que les auteurs antiques ont transmis au sujet des druides... Un navigateur, évoquant, vers 1584, les indiens de Virginie, précise ainsi qu'ils *« vivent à la manière de l'Âge d'Or »*.

En peu de temps, les Européens, au travers de la lecture des auteurs classiques, avaient donc appris que leurs ancêtres préchrétiens étaient digne de respect et d'admiration, puis découvert les aborigènes d'Amérique, qui leur donnaient une vivante image de ce qu'ils avaient pu être. Cette révélation ne toucha cependant qu'une classe réduite d'intellectuels et c'est pourquoi, aujourd'hui encore, la majorité des populations de notre continent a une profonde méconnaissance de nos lointains ancêtres, et sous-estime grandement la complexité de leurs connaissances comme de leur société et de leur mode de vie.

La fin du XVIIème siècle donna une dimension plus archéologique à l'intérêt pour le passé druidique de l'Europe, en particulier au travers des travaux de John Aubrey (1626-1697), riche amateur d'antiquités, qui entreprit de faire le relevé et la description de sites tels que Stonehenge ou Averbury, situés au sud de l'Angleterre, dont la plupart des contemporains supposaient qu'il s'agissait de ruines romaines. Si peu d'intérêt avait été témoigné à ces sites au cours des siècles précédents que des feux étaient couramment allumés à proximité pour dégager des terres pour la culture, et qu'il n'était pas rare d'en casser les pierres pour les récupérer pour la construction de bâtiments utilitaristes (fermes, granges, moulins, etc...) alentour. Les travaux de John Aubrey permirent de comprendre qu'il s'agissait de temples druidiques, et de précieux témoignages du passé ; ils inspirèrent William Stuckeley[8] (1687-1765), en qui on peut voir l'un des pères de la science archéologique et qui, de 1719 à 1724, effectua des relevés systématiques, tant à Stonehenge qu'à Avebury.

---

8   Antiquaire anglais, et biographe d'Isaac Newton

Les travaux de ces deux hommes, en inspirant, au cours du XVIIIème siècle, artistes, philosophes et poètes, notamment Coleridge, Byron et Shelley, furent à l'origine de ce qu'on a coutume de nommer « la renaissance romantique du druidisme », en rupture avec ce qu'ils considéraient comme le scientisme à outrance du Siècle des Lumières, lui-même réaction à la superstition qui avait prédominé au cours des siècles précédents. Remontant volontiers à des sources néoplatoniciennes et païennes, ces auteurs romantiques voulaient avant tout mettre en exergue le mystère et la beauté de la Nature et de la Vie... autant de thèmes chers aux druides, et dont ils pouvaient constituer une vivante illustration !

C'est aussi en ces premières années du XVIIIème siècle que des mouvements druidiques, imprégnés de ce contexte, commencèrent à se constituer publiquement, le point d'orgue symbolique en ayant été l'annonce officielle de la création du Druid Order, le 22 septembre 1717, à Londres, à la *Taverne du Pommier.* Signe des temps : quelques mois plus tôt, au solstice d'été de cette même année, la franc-maçonnerie spéculative consacrait sa naissance officielle à quelques rues de là, dans une taverne ayant pour enseigne *L'Oie et le Grill.* Les centres d'intérêt communs entre les deux mouvements sont évidents, dans la mesure où l'un et l'autre font de la spiritualité une recherche volontaire et personnelle, déconnectée de la théologie officielle, mais s'appuyant volontiers sur les connaissances historiques et les symboles et archétypes, qu'ils soient celtes ou bibliques, présents dans la psyché collective... Si ce n'est pas là le seul argument permettant de lier druidisme et kabbale à l'esprit des Lumières et aux idées démocratiques auxquelles il donna le jour, nul doute que c'est un important élément de contexte !

On peut souligner, de plus, que de nombreux francs-maçons s'intéressèrent au druidisme en tant qu'autre manifestation d'une sagesse pérenne, non contextuelle et universelle ; certains appartinrent même, et c'est parfois encore le cas de nos jours, aux deux mouvements. Ceux qui fondèrent des ateliers spécifiques, syncrétiques des deux mouvements et typiques de la Grande-Bretagne, au premier rang desquels Henri Hurle, donnèrent naissance à une sorte de « druidisme rotarien », qui eut l'intérêt de jeter les bases des premiers systèmes d'assurance mutualiste.

La première cérémonie druidique publique recensée à l'ère moderne eu lieu à Londres, à Primerose Hill, en 1792, sous la présidence qu'un gallois qui avait rassemblé une large documentation sur le sujet dans la archives des grandes propriétés de sa région d'origine. Iolo Morganwg, s'il est une figure importante de la renaissance druidique, n'en avait pas moins la très fâcheuse habitude de mêler ses propres écrits à la documentation collectée, et de présenter le tout comme de la sagesse ancienne...

Quoi qu'il en soit, l'importance du renouveau druidique pour de nombreux intellectuels français et britanniques principalement, mais aussi allemands, ne doit pas être mésestimée. A titre d'exemple, on peut citer William Blake qui, appelé à témoigner dans un procès, refusa de prêter serment sur la Bible, puisqu'il était druide.

On doit souligner, parmi les spécificités du druidisme du XVIIIème siècle par rapport à l'antique mouvement dont il se voulait successeur, son caractère exclusivement masculin, fruit d'une époque où l'éducation des femmes était souvent considérée comme optionnelle, et où l'idée qu'elles puisse avoir des connaissances historiques et symboliques et des centres d'intérêt philosophiques n'effleurait personne. La mixité a, depuis ré émergé au sein d'une partie des ordres druidiques, mais pas de tous... Dans l'Antiquité comme au XVIIIème siècle ou au XXIème, le druidisme est, sur ce point, un révélateur de son époque et de ses limitations !

Outre la franc-maçonnerie, dont les liens avec le druidisme s'ils ne furent pas permanents, demeurent réguliers tout au long du XIXème siècle, on peut noter une influence réciproque tant avec la Théosophie qu'avec la Golden Dawn[9]. Des membres de la Golden Dawn, comme le poète irlandais Yeats, cherchaient en effet dans le druidisme les racines de la tradition celtique, tandis que les théosophes, surtout épris de bouddhisme et d'hindouisme, furent frappés par l'évidente filiation entre le druidisme et ces religions. Au début du XXème siècle, on pouvait citer, parmi les druides, Sir Winston Churchill, initié en 1908.

Cette renaissance romantique du druidisme contemporain n'est pas sans influence sur les endroits où il rechercha ses sources,

---

9   Ordre magique de grande influence sur l'ésotérisme occidental.

ne se cantonnant pas à l'art et aux ouvrages érudits, fussent-ils de littérature celtique, mais se tournant aussi volontiers vers les contes populaires, les coutumes anciennes, les chants et les danses des campagnes. Ce nouvel intérêt érudit pour la culture populaire nationale relança largement l'intérêt des historiens comme des linguistes pour les Celtes, et parfois une réaffirmation d'identités régionales, dont les tentatives d'étouffement, dès le XVIème siècle, par les pouvoirs centraux -en Grande-Bretagne, comme nous l'avons déjà évoqué, mais aussi en France : songeons à la Bretagne qui eut à déplorer les conséquences des mariages royaux de la Duchesse Anne !-, se trouvèrent ainsi mises à mal. Une ré-émergence celtique qui se poursuit de nos jours, et se manifeste aussi au travers d'un intérêt culturel et archétypal, et une volonté philosophique de proximité avec la Nature, alors considérée comme sacrée, tout comme la Vie et l'amour de la vie...

On peut donc souligner que le druidisme, tel qu'il se pratique aujourd'hui, est le fruit d'un mouvement romantique de renaissance, né voici près de 200 ans. Pourtant, ses racines sont plus profondes, puisqu'il a commencé avec les Celtes, leurs druides, et les philosophes de l'Antiquité classique. Il serait également vain de nier que les théories romantiques de Goethe ou de Schelling trouvent largement leurs sources dans les centres d'intérêts historiques et anthropologiques -bien que le mot soit anachronique- de Jacob Boehme, de Giordano Bruno, et de quelques-uns de leurs contemporains, parcourant, chacun à leur façon, le fil du panthéisme, qui s'attache à voir Dieu dans chaque élément de la Nature.

Le Siècle des Lumières, largement influencé par les philosophies de Descartes et Humes, fait émerger une distinction tranchée entre l'esprit humain et la matière, mais aussi entre l'Homme et la Nature. Mais si cette distinction existait en tant que présupposé religieux dans le christianisme, elle devient, à cette époque une distinction philosophique, dans un contexte où l'Univers est considéré comme une machine.

Le Romantisme sera une rébellion face à conception matérialiste d'un univers désenchanté : de leur point de vue, plus mystique, toute vie est Une, et ils voient la Nature comme un Esprit du Monde, unique et vivant. A leurs yeux, les humains portent mystérieusement tout l'Univers en eux, comme un fragment d'hologramme qui contient en lui l'image entière. Pour beaucoup de Romantiques, écrire de la poésie, étudier la Nature, ou encore la philosophie, relèvent d'une même logique et forment un tout ; ils marchent en cela sur les pas des druides de l'Antiquité, quand les bardes étaient des poètes, les ovates de grands connaisseurs du monde naturel, et les druides des philosophes capables de faire la synthèse de tous ces aspects. Les druides contemporains, à leur tour, se voudront respectueux de ce triptyque, à la fois par tradition et par intuition.

Le Vingtième Siècle : entre recherche de traditions et New Age

Le druidisme du début du Vingtième Siècle, héritier des courants décrits précédemment, demeura, au moins jusqu'aux années 1960, nettement empreint de formalisme, et influencé à la fois par le christianisme et par la franc-maçonnerie anglaise. Ce qui signifie, notamment, que le paysage druidique était très majoritairement masculin, avec une indéniable dimension de club d'hommes d'affaires, un peu à la façon du Rotary Club, et le même genre de préoccupations philanthropiques.

La culture dissidente qui émerge alors, fortement imprégnée de préoccupations spirituelles et environnementales, va contribuer à changer durablement la donne, et à susciter un engouement nouveau pour le druidisme dans la jeune génération. Tout ceci entraîne un recul des actions caritatives au profit de la protection de l'environnement, mais aussi d'une volonté individuelle et collective de parvenir, au travers du druidisme, à une expérience plus approfondie de l'existence, incluant l'être dans son entier, plutôt que de demeurer enfermé dans des schémas jugés dépassés. Le paganisme et la mythologie celtique redeviennent alors des centres d'intérêts, non seulement pour les personnes qui s'intéressent au druidisme, mais aussi pour la majeure partie des Ordres druidiques.

Au cours des deux décennies suivantes, le druidisme tend à s'éloigner de plus en plus de ses dimensions maçonniques, développées à partir de 1717, et à revenir vers la mixité traditionnelle, à tel point que dans certains groupes, les femmes sont désormais aussi nombreuses que les hommes, voire majoritaires. Rien de surprenant, dans une philosophie qui voit le Dieu et la Déesse comme deux éléments indispensables, indissociables et complémentaires de la Nature, que la présence d'hommes et de femmes, au même titre et à tous les grades, semble pleinement naturelle ! Encore moins surprenant quand on songe que les druides ont, de tous temps, été familier du concept de réincarnation, et donc peu enclins à brider une âme dans son évolution selon qu'elle s'est conjoncturellement incarnée dans un corps masculin ou féminin !

Ce renouveau druidique, dans un contexte de préoccupations environnementales toujours plus présente, centre sa pratique spirituelle sur l'amour de la Terre et de la Nature, soulignant en cela les convergences avec les spiritualités amérindiennes avec lesquelles les points communs, y compris dans le rituel, sont nombreux. Songeons notamment aux loges de sudation, élément central de purification et de méditation dans les deux traditions.

Songeons aussi au contexte historique dans lequel émergent ces évolutions : durant la première moitié du XXème siècle, après des décennies régies par un ordre social relativement figé en dépit d'évolutions technologiques rapides, il a fallu faire face à l'abîme de la cruauté humaine dans ce qu'elle a de plus abject et de son potentiel destructeur, incarnés par le nazisme. Comment s'étonner, dès lors, que les décennies suivantes, comme pour rétablir un équilibre fragile, se soient tout particulièrement intéressées au développement humain ? Durant les années 1950, la psychologie supplante ainsi progressivement la religion pour expliquer les comportements et les souffrances humaines, avant l'émergence de la période hippie. Les hippies, au fond, s'inscrivent dans la lignée des romantiques, voyant dans le retour à la Nature et le mépris de l'argent un idéal à favoriser, voire à appliquer, et assumant pleinement leur décalage, vestimentaire et idéologique, avec la société moderne et ses valeurs, jugées mercantiles. Enfin, ils aspirent, à l'instar des romantiques, à des expériences mystiques - hélas parfois recherchées au travers de paradis artificiels-, s'intéressent aux cultures lointaines, et accordent une valeur particulière aux expériences mêlant l'esthétique et le sensuel.

Tout en s'intéressant à l'Inde, au Tibet, au Népal, les hippies redécouvrent progressivement leur propre héritage, celtique, par bien des aspects tout aussi exotique que celui de l'Orient lointain. Dès lors, le druidisme contemporain est né, et il se définit comme une religion de la Nature, par opposition au concept de religion révélée[10]. Si les religions révélées possèdent une histoire et des dogmes, les religions de la Nature n'ont que faire d'un fondateur : elles sont le fruit de l'évolution progressive des pratiques spirituelles des peuples autochtones, qu'il s'agisse des aborigènes d'Australie, des Amérindiens ou, dans le cas qui nous occupe, des Celtes. L'absence de dogme des religions de la Nature, aussi désignées comme religions de la Terre, semble beaucoup séduire en Occident depuis cinq ou six décennies, marquant peut-être un recul du credo au profit d'une spiritualité plus personnelle. Le regain d'intérêt pour ces religions répond sans doute aussi à une envie de connaître cette part des racines de notre civilisation que la rareté des témoignages directs fait apparaître fort mystérieuse et nimbée du romantisme qui a présidé à leur redécouverte.

---

10   On qualifie de religions révélées celles qui émergent du fait d'un individu à qui est confiée une révélation spirituelle, à l'instar de Moïse, Jésus, Bouddha, Mahomet, etc...

Deuxième partie

Le mythe de Taliesin

« Au Pays de Galles, la province de Pennlyn est gouverné par le souverain Tegid Voel Le Chauve, plus communément appelé Tegid Le Chauve. Ceridwen, sa femme, en plus d'être très belle, a de grands savoirs sur les choses secrètes.

De leur union naquirent deux jumeaux, une fille, Creiwyl, une enfant douce et magnifiquement belle, à l'image de sa mère, et un garçon, le plus laid du Monde, Morvan. Il fut surnommé dès son plus jeune âge AfangDu ; jamais il ne fut appelé Morvan. Ceridwen, sensible à son infortune, semble chérir davantage AfangDu que sa fille. Elle souhaite le sauver, et l'amour qu'elle lui porte est si grand qu'elle cherche dans les magies anciennes et les filtres les plus secrets un remède à ses maux.

A force de persévérance dans sa quête, Ceridwen trouve enfin le moyen de compenser la laideur de son enfant en lui offrant la possibilité d'acquérir le savoir primordial. Elle prépare le chaudron de la connaissance et de l'inspiration, qui doit bouillir durant une année et un jour. Elle sait, que trois gouttes de ce breuvage, données à l'enfant, seront pour lui la source de l'inspiration divine, celle qui illumine l'âme, promet tous les savoirs et tous les dons. Son fils, alors, n'aura plus à rougir de sa laideur, puisque la beauté de l'âme lui sera donnée.

La reine, ne pouvant veiller continuellement sur le chaudron durant une si longue période, désigne un jeune homme du nom de Gwyon Bach, ainsi que Mordra, le vieil aveugle, à la surveillance du précieux breuvage. Tous les deux doivent veiller à ce qu'il y ait toujours du feu sous le chaudron et à ce que le liquide ne déborde pas. Ainsi font-ils, avec diligence, car Ceridwen, aussi belle soit-elle, peut avoir de terribles colères, et est fort redoutée pour ses pouvoirs, qui sont grands.

Une année passe ainsi, et le temps du breuvage pour Afangdu est arrivé. A l'aube du grand jour, Ceridwen part en quête d'herbes et de plantes magiques pour finaliser le remède. Gwyon et Mordra, plongés dans une grande conversation, ne voient pas le breuvage gonfler et bouillir de plus en plus. Trop tard ! Le liquide jaillit, saute, éclabousse... Surpris, Gwyon, qui s'est précipité pour tenter tardivement d'endiguer le problème, se brûle la main, n'ayant pas eu le temps de se reculer.

La douleur est terrible, la brûlure est intense. D'instinct, il porte sa main à la bouche. Trois gouttes du breuvage magique le touchent et pénètrent par sa bouche. La lumière, la chaleur, l'envahissent tout entier, comme un soleil nouveau. Gwyon est ébahi, choqué : il a bu les trois gouttes réservées à AfangDu !

Gwyon, la tête soudain remplie de savoir, sait et comprend la colère de Ceridwen : il doit fuir !

La colère de Ceridwen est terrible, en effet : elle crie, hurle, frappe la terre de ses talons, frappe tous ceux qui passent à sa portée ; Morda n'y échappe pas. Et ses larmes maternelles se mélangent à ses cris, qui s'entendent sur toute la terre galloise, et tous tremblent en l'entendant.

La colère, la rage et le chagrin de la Reine sont si grand qu'elle part à la recherche de Gwyon pour le châtier. Il est terrifié, il se terre, il la sait de plus en plus proche. Alors que Ceridwen s'approche, le jeune homme fait appel à sa sagesse toute neuve : il se transforme en lièvre, espérant courir si vite qu'elle ne pourrait le rattraper. Peine perdue : Ceridwen est fort savante elle aussi des choses de la magie, et elle se transforme en levrette. Elle court plus vite et s'approche toujours plus de l'infortuné.

Prenant son élan, Gwyon se change en saumon, et Ceridwen devient loutre ; Gwyon devient oiseau, et Ceridwen, faucon. Grâce à son pouvoir de métamorphose, Gwyon devient alors grain, et se cache dans un tas de blé. La Reine devient immédiatement une poule noire qui avale tous les grains, et par là-même Gwyon.

Au fil des jours suivants, Ceridwen voit son ventre s'arrondir alors que son mari, Tegid Le Chauve, est parti combattre les pirates Gaëls depuis fort longtemps. Elle comprend immédiatement que l'enfant qu'elle attend n'est autre que le jeune Gwyon, issu de la graine qu'il était devenu et qu'elle a avalée.

Ceridwen, le jour venu, va seule mettre au monde l'enfant. Il est tellement beau que lorsque ses yeux croisent les siens, elle ne peut se résoudre à l'éliminer afin de le cacher aux yeux du monde et de son époux. Elle lui construit une sorte de couffin tressé en joncs et en mousse, qu'elle confie à la bienfaisance des eaux d'une rivière qui, loin de là, va mélanger ses eaux à celles de l'océan.

Durant neuf jours et neuf nuits, Gwyon est sur les flots sans jamais pleurer, il n'éprouve ni la faim, ni la soif. L'eau de pluie prend soin de le désaltérer, et tous les petits poissons de sauter hors de l'eau pour rejoindre directement sa bouche. Au soir du dixième jour, il arrive en vue de la terre du roi Gwyddno, connu pour posséder un filet qui, chaque soir qu'il est mis à l'eau, rapporte suffisamment de poissons pour nourrir toutes les bouches du clan, et même plus.

Gwyddno a un fils, Elfin, un des garçons les plus malheureux et infortunés qui soient. Ce soir-là, son père l'a chargé de relever le filet, afin de lui porter chance. Habitué à son infortune, il n'est pas surpris, lorsqu'il relève le filet et qu'il n'y trouve que le couffin tressé, et aucun poisson. Dans le couffin, il voit le nourrisson, et Elfin est si ébloui par sa beauté qu'il le nomme Taliesin et reprend courage et ardeur en revenant chez lui.

Son père le Roi, se lamentant au départ qu'Elfin n'ait rien pêché pour nourrir le clan, tombe sous le charme de Gwyon quand il le voit. Le charme augmente plus encore lorsque, rassasié et réchauffé, le bébé entreprend de leur conter son histoire, celle de Gwyon Bach et Ceridwen, sous la forme d'un chant aux sonorités parfaites.

Puis Gwyon-Taliesin prend la parole : " Grand merci à toi, Elfin, de m'avoir ainsi recueilli et accueilli. Entend maintenant que tu ne le regretteras pas car je suis Taliesin, et si bientôt mon nom brûle parmi les innombrables étoiles du ciel, crois bien que je ne serai pas ingrat, et que tu trouveras avec moi une récompense à la hauteur de ta gentillesse. "

Taliesin passa quatre années dans la maison d'Eflin, quatre années qui le virent passer d'enfant au jeune homme, au grand émerveillement des gens du roi Gwyddno. Tout ce temps, il s'appliqua à égayer son bienfaiteur qui, de timoré et voûté qu'il était, devint peu à peu un homme de compagnie et de conversation agréables. »

Il existe bien évidemment de nombreuses versions du conte de Taliesin -une vingtaine de versions traditionnelles, pour commencer, et quelques retranscriptions ou interprétations plus tardives-, plus ou moins détaillées, plus ou moins poétiques, puisque sa transmission a été essentiellement orale, conformément à la sagesse druidique. Les éléments centraux sont cependant toujours les mêmes, et ce sont eux qui permettent de voir dans ce mythe celtique un archétype universel, un récit d'apprentissage et une leçon de sagesse où les biais cognitifs culturels ne sont qu'apparents...

Troisième partie

Le conte de Taliesin, du vecteur de la sagesse druidique à
l'archétype universel

Le conte de Taliesin raconte, en fait, le parcours d'un enfant qui devint le plus grand poète de son temps. Il est donc doublement inspirant pour les futurs bardes, dont il marque le début de l'enseignement, non seulement parce qu'il véhicule symboles et sagesse, mais aussi parce qu'il conforte leur aspiration à l'excellence. Le parcours est long, souvent difficile, mais les épreuves forgent, sont source d'enseignement, et quel résultat !

Ce mythe étrange où une déesse donne naissance à un poète éclairé montre à ceux qui le cherchent le chemin à suivre pour grandir spirituellement et développer leur potentiel créatif. C'est une sorte d'itinéraire de transformation, d'apprentissage et de recherche de l'illumination. Car l'apprentissage de Taliesin, tout comme celui du barde, ne procède pas du seul cerveau gauche, logique et conceptuel ; au contraire, il est, très largement, le fruit de l'expérience, non seulement vécue, mais intériorisée comme une part de soi, un élément devenu intuitif et spontané. L'art du barde n'est pas que mémorisation, loin de là : il vient aussi très largement de son cerveau droit, et est en ce sens le fruit d'un véritable processus alchimique. La transformation, le passage successif au travers de chaque état et chaque élément, n'est-elle pas précisément ce qui se produit dans l'athanor, où la pierre philosophale est l'homme nouveau, fruit de ce processus ? Il s'agit d'alchimie spirituelle, bien évidemment, mais quelle autre alchimie aurait pu être importante dans un creuset culturel comme celui des druides, pour qui la matière était à tel point un reflet de l'esprit que le monde, chaque jour renouvelé, ne pouvait en fait survivre que spirituellement ?

Selon l'angle de lecture que l'on adopte, on peut dire également que le conte de Taliesin raconte comment une Déesse initie un homme, transformant un jeune garçon en poète sage et talentueux. L'histoire nous dit donc comment une femme peut aider un homme à trouver le Dieu en lui-même et comment, comme pour maintenir l'équilibre, il lui permet par ce seul fait de découvrir et d'exprimer sa nature profonde de Déesse. On doit d'ailleurs souligner, à ce propos que, dans la plupart des traditions, l'initiation masculine est réalisée par les femmes –pas dans une dimension sexualisée, mais dans une dimension de complémentarité et d'équilibre-. Même dans le christianisme, religion fortement patriarcale, la consécration de la divinité de Jésus est réalisée par Marie-Madeleine qui, l'enduisant des huiles

les plus précieuses, le consacre et en fait l'Oint du Seigneur, un être dont la chair meurt, mais dont la résurrection témoigne du caractère divin.

Zeus, lui aussi, est initié et réconcilié avec sa nature divine par une femme, Mnémosyne, déesse de la Mémoire, donnant ainsi au passage naissance au Neuf Muses[11], sources de l'inspiration, chacune dans leur domaine d'attribution, et donc éléments indispensables du lien spirituel entre les hommes et le divin... La femme-déesse-initiatrice, agissant dans et sur la matière, est donc le catalyseur d'une alchimie spirituelle. Et si le bouddhisme ne personnalise pas cette incontournable initiation par les femmes, le yang ne saurait y exister sans le yin...

En filigrane, ce mythe suggère aussi une cosmologie qui explique la création de l'univers, et comment nous pouvons nous-même à chaque instant y participer, dans un incessant processus de co-création... Même ballotté par le destin, c'est l'individu qui donne du sens aux épreuves qu'il traverse et au monde qui l'entoure.

La littérature galloise a véhiculé jusqu'à nous plus d'une vingtaine de versions de ce mythe qui, simple en apparence, regroupe des thèmes dont on peut suivre le fil, au travers des cultures et des traditions, jusqu'au Mystères de l'Egypte ancienne et jusqu'à l'époque où les populations européennes ont fusionné le culte d'une Déesse Lune avec celui d'un Dieu Soleil, aux tous premiers temps du druidisme...

Si nous ne savons pas et ne sauront bien entendu jamais, tradition orale oblige, avec certitude, quand le Mythe de Taliesin a été conté pour la première fois, certains indices laissent à penser que l'on peut à bon droit le rattacher à l'Age du Bronze, c'est-à-dire à une époque antérieure aux civilisations classiques de la Grèce et de Rome. Elle a probablement évolué pour raconter les relations entre les Dieux et l'humanité, la création du monde et de ses habitants, devenant ainsi un mythe fondateur et un outil mnémotechnique véhiculant, à travers les générations, un

---

11   Calliope : l'éloquence et la poésie épique ; Clio : l'Histoire ; Erato : la poésie lyrique et la poésie érotique ; Euterpe : la musique ; Melpomène : la tragédie ; Polymnie : la rhétorique ; Terpsichore : la danse et le chant choral ; Thalie : la comédie ; Uranie : l'astronomie.

enseignement et un héritage spirituel, qui sera finalement couché par écrit à l'époque chrétienne, la préservation à long terme de la connaissance, même occultée, prenant alors le pas sur la transmission immédiate.

Contrairement à ce que les érudits d'autrefois pensaient, cela n'aurait aucun sens de chercher la « bonne version » ou « l'original » d'un conte initialement transmis de façon orale, par essence évolutive (c'est même pour cela que ce vecteur de transmission était privilégié) : chaque barde relatait le mythe à sa manière, et probablement différemment, à la fois en fonction de son auditoire et de l'évolution de sa propre compréhension : comme on ne se baigne jamais deux fois dans la même rivière, on ne raconte jamais deux fois le même mythe. C'est pourquoi chaque version finalement couchée sur le papier est aussi exacte qu'une autre, même si certaines paraissent plus complètes, ou si des détails diffèrent. Les variations constatées entre les différentes versions du conte de Taliesin n'affecte d'ailleurs en rien son sens profond : elles sont juste le reflet de l'habitude des bardes de faire varier la longueur des histoires et des chansons en fonction de leur auditoire et de leur état d'esprit, ajoutant ou omettant des détails en fonction de ce qui leur semblait adapté au contexte ou de ce qu'ils voulaient faire ressortir. La tradition orale autorise les digressions, les plaisanteries personnalisées et autre apartés.

Les manuscrits de ces premières versions couchées sur parchemins ont eux-mêmes été maintes fois recopiés au fur et à mesure qu'ils s'abîmaient, aussi le texte le plus ancien qui nous soit parvenu date du XVIème siècle. Rien d'un original, pour un conte datant fort probablement de l'Age du Bronze ! Les spécialistes pensent néanmoins que les versions antérieures doivent remonter au moins jusqu'au IXème siècle, et on retrouve des mentions écrites de Taliesin dès le VIème siècle, période charnière où la transition entre druidisme et christianisme était consommée dans la plus grande partie de l'aire celtique. Les druides ont donc su préserver et transmettre, au travers des écrits des clercs chrétiens, à la fois le thème sous-jacent, les personnages et les événements principaux.

Il est à noter qu'outre ce conte, on trouve aussi, au nombre des Quatre Livres Anciens du Pays de Galles, un Livre de Taliesin, qui date du XIIIème siècle, et regroupe soixante-dix-sept poèmes rédigés attribués au poète Taliesin, qui est un personnage réel, ayant vécu au VIème siècle de notre ère, et don contemporain de la transition entre druidisme et christianisme. Sa poésie, qui véhicule une large part de la sagesse contenue dans le conte de son éponyme, explique probablement le choix de son nom, comme un message aux futurs lecteurs, une annonce de ce qu'il souhaitait transmettre. Lui-même a inspiré le poète et auteur moderne Robert Graves pour son ouvrage *La Déesse Blanche*, publié en 1948.

Dans cet ouvrage, Robert Graves expose sa thèse, selon laquelle les religions d'Europe et du Proche-Orient étaient originellement fondées sur la vénération de la Grande Déesse, ou Déesse Mère[12], liée à la Lune, inspiratrice des rythmes du cycle féminin et de la grossesse. Son lien avec cet astre fait qualifier la déesse primordiale de « blanche ». Or, Ceridwen signifie « celle-qui-est-blanche-et-courbée », ce qui fait d'elle la Déesse Blanche du croissant de Lune... Fort de cette théorie, Robert Graves voit dans le conte de Taliesin la variante galloise de l'antique culte de la Déesse. Il pensait également avoir découvert dans les poèmes et le conte de Taliesin un calendrier druidique des arbres. Son livre, bien que complexe et fort décrié par les universitaires, eut un impact considérable, et a contribué à faire de la Déesse, dans les années qui ont suivi sa publication, un sujet d'étude à part entière, plaidant même pour un retour à sa vénération. Il est donc, dans une certaine mesure, un inspirateur et une précieuse source d'information pour la renaissance du paganisme sauce New Age, et en particulier de la Wicca et du druidisme.

Robert Graves, malgré l'importance de son œuvre, ou peut-être pour contrebalancer le côté patriarcal patent du christianisme qui régit la société où il évolue, néglige cependant un aspect important de la cosmogonie qui ressort du conte de Taliesin : les principes masculin et féminin, quoi que parfois antagonistes, y apparaissent comme profondément interdépendants, voire co-dépendants dans la manifestation de leur déité. Si la Déesse est au centre de cette histoire comme, du reste, d'une grande partie de la littérature celtique, dans une forme d'hommage à son rôle d'inspiratrice et de créatrice de vie, le Dieu est toujours présent et indispensable, que ce soit sous la forme d'un père, d'un frère, d'un fils ou d'un amant. Si le conte de Taliesin dévoile le chemin vers la

---

12   L'archéologie lui donne d'ailleurs raison : il suffit de voir les Venus des temps préhistoriques, dont la fréquence et le soin avec lequel elles ont été préservées ou enterrées avec des défunts suggère bien entendu un culte.

Déesse, on ne peut trouver celle-ci sans trouver aussi le Dieu, ce qui reflète aussi la dualité intrinsèque de notre psychisme, masculin et féminin à la fois, quelle que soit la façon dont nous l'acceptons ou l'exprimons au quotidien.

Notons que le druidisme, comme d'ailleurs toutes les religions de la Terre, ne fait en aucun cas de la complémentarité des principes masculin et féminin un argument moral pour régenter la vie privée de chacun. Déjà parce que c'est inutile : cette dualité étant par définition présente dans l'esprit de chacun d'entre nous, la rechercher en soi ou à l'extérieur de soi est un choix, et n'empêche en rien, dans tous les cas, de trouver la Déesse et le Dieu. Ensuite, parce que l'initiation par les femmes, présente dans toutes les traditions, n'a au final que très rarement un caractère sexuel (le culte d'Ishtar, dans l'ancienne Mésopotamie, est à ma connaissance le seul pour lequel ce soit un chemin incontournable) : ce n'est en tous cas pas cette dimension qui est exprimée et mise en avant au travers du mythe de Taliesin. Enfin, parce que les druides croient profondément à la réincarnation (Gwyon renaît et devient Taliesin, par exemple), au caractère cyclique de la vie, et donc à la possibilité d'expérimenter personnellement, au fil des siècles, les états masculins et féminins, et d'incarner ainsi successivement le Dieu et la Déesse. Pas d'occasion manquée ou d'initiation perdue, dans une telle conception de la vie, mais juste des chemins déjà explorés ou restant encore à découvrir. Le lien que les chrétiens établiront entre morale et orientation sexuelle, voire entre morale et sexualité, semblera donc fatalement aux druides aussi inutile qu'aliénant, car n'apportant strictement rien à l'évolution spirituelle.

Quoi qu'il en soit, mettre ses pas sur le chemin de la Déesse et du Dieu en suivant les indications du mythe de Taliesin nécessite plus qu'une simple analyse sémantique à l'aide du cerveau gauche, traditionnellement masculin : il faut aussi vivre l'histoire et la ressentir au travers de la partie féminine de notre être : les émotions et les intuitions qui trouvent leur siège dans le cerveau droit[13]. Les mythes sont des drames rituels ; ils sont destinés,

---

13   On parle içi, bien entendu, des fonctions assignées à chaque hémisphère cérébral. Nous utilisons tous les deux hémisphères, mais dans des proportions différentes. Le recours à la logique ou l'intuition se traduit aussi par les rythmes cérébraux constatés à un moment précis, selon qu'ils sont Beta (14 à 30 cycles) ou

autant qu'à être compris, à être visualisés par la méditation ou la rêverie. Et le mythe de Taliesin résonne d'autant plus profondément en nous qu'il est aux racines de notre aire culturelle et de la spiritualité de l'Europe occidentale. Cela ne veut pas dire, bien sûr, que l'on ne peut pas comprendre, voire intérioriser, un mythe issu d'une culture qui nous est étrangère… mais c'est généralement moins facile, car on doit alors inconsciemment rattacher chaque archétype à un archétype plus familier. C'est sans doute là l'une des principales limites du multiculturalisme : il est intellectuellement possible, mais pas nécessairement spontané dans la psyché. Et c'est sans doute très bien ainsi : la richesse des cultures, c'est qu'elles puissent coexister dans le monde, pas qu'elles puissent se substituer l'une à l'autre ! C'est d'ailleurs pour cela qu'une meilleure connaissance de sa propre culture permet souvent une plus grande curiosité envers les autres, plus facilement perçues comme complémentaires quand on sait ses racines profondes.

Formulons encore une remarque au sujet du conte de Taliesin, même si celui-ci a finalement fini par être couché sur le papier : les traditions orales, en particulier quand elles véhiculent, sous forme de mythe, une connaissance spirituelle ou une initiation, survivent en général plus longtemps que les traditions écrites, contrairement à l'idée communément admise. Ainsi, les récits des aborigènes d'Australie, des insulaires polynésiens, ou encore des tribus amérindiennes, nous font remonter jusqu'à une époque bien antérieure à toute œuvre écrite – certes avec des modifications, mais celles-ci sont au final rarement des altérations profondes.

Dans un mythe, comme dans un rêve qu'on chercherait à interpréter, chaque personnage représente en fait une partie de nous-même, et le conte devient alors un outil symbolique sur la manière d'amener des changements en nous, puis dans nos vies, puis dans le monde qui nous entoure… En ce sens, le récit druidique a une véritable résonance maçonnique : ne s'agit-il pas, là aussi, de « s'améliorer soi-même pour améliorer la société » ? Et la franc-maçonnerie elle-même fait du mythe un outil de transformation, mettant l'histoire d'Hiram Abif et des trois mauvais compagnons au cœur de l'élévation au grade de maître, la faisant revivre à l'initié, avec une forte charge émotionnelle, et laissant

---

Alpha(7 à 10 cycles).

pour plus tard la découverte intellectuelle de certains éléments symboliques passés sous silence à ce moment...

Un mythe est capable de véhiculer à la fois des idées sur nos vies et nos rapports personnels et sur des événements cosmiques. Il n'est, de plus, pas biaisé par les évolutions sociales et contextuelles inévitables au fil du temps, puisque c'est nous qui le ressentons, en fonction de notre propre vécu, de notre propre expérience... On peut connaître un mythe et le redécouvrir sans fin, en tirant à chaque fois de nouveaux enseignements. C'est d'ailleurs le sens de la répétition annuelle des lectures à la synagogue, par exemple : c'est le même texte, à la même date, mais vous avez vécu de nouvelles expériences, donc évolué depuis, et votre compréhension aussi...

Faire des mythes une source d'enseignement, c'est refuser l'idée d'une vérité unique, puisque l'interprétation d'un autre est par définition aussi bonne que la mienne, et mon interprétation d'hier autant que celle d'aujourd'hui : elle est juste adaptée à la compréhension ou aux besoins de la personne qui la découvre ou la redécouvre à tel ou tel moment de sa vie. L'interprétation évolue, parce que le monde change, et celui ou celle qui interprète aussi. Ce n'est pas tant que la vérité soit multiple, dans l'optique druidique : c'est surtout qu'elle a diverses facettes et n'est jamais figée. En ce sens, on ne peut faire le tour d'un mythe.

Ceci étant posé, que peut-on dire concernant le conte de Taliesin, les thèmes qui en ressortent, et les chemins sur lesquels il nous conduit ? Son origine géographique nous donne, à cet égard, une première et précieuse indication : il vient de l'ouest d'une île qui, depuis des temps immémoriaux, et jusqu'à l'avènement du christianisme -souvent oublieux, du moins en surface, de la sagesse ancienne-, était considérée comme une terre sacrée, une sorte de lieu de pèlerinage où l'on venait de l'Europe entière, étape quasi obligée pour parfaire sa quête de savoir. Cette île, connue, à l'époque romaine, sous le nom de Bretagne, fut aussi parfois nommée « Ile du Miel », ou encore « Enclos de Merlin », et ses druides y transmettaient leur sagesse à leurs novices comme à des condisciples venus de toute l'Europe. Si le druidisme de chaque royaume de l'île de Bretagne partageait, de toute évidence, de nombreux traits communs, l'esprit de chaque terre, les préoccupations locales, conduisaient à des variations sensibles dans les approches et les enseignements, et il était donc particulièrement intéressant de rencontrer successivement des druides du bord de mer et des druides de la montagne, ceux de Highlands écossais et ceux de Cornouailles, les druides de l'île de Man et ceux de la plaine de Salisbury... Sans oublier, bien entendu, le druidisme encore plus spécifique du Pays de Galles, caractérisé notamment par ses contacts maritimes récurrents avec les centres druidiques d'Irlande.

Dans certaines versions, parmi les plus longues et les plus complètes, du mythe de Taliesin, c'est à Dinas Affaraon, auprès des Pheryllt[14], que Ceridwen va chercher la recette de la potion qui lui permettra d'offrir la connaissance universelle à son fils AfangDu. Ce peuple d'alchimistes (on y revient !) est probablement mythique, et non historique. Dans une autre version du conte, ce sont les livres de Virgile que Ceridwen consulte, et certains spécialistes ont même affirmé que « Pheryllt » était une déformation du nom du poète romain. D'autres versions encore ne mentionnent ni les Pheryllt, ni Virgile, mais font de la découverte de la recette de l'Awen[15] l'œuvre de la seule Ceridwen. L'existence historique douteuse de ces druides alchimistes n'a, au final, que peu d'importance pour notre propos : leur mention dans plusieurs versions du conte suffit dans tous les cas à justifier une lecture alchimique de celui-ci. L'alchimie, d'un point de vue matériel, est la transformation d'un métal vil – généralement du plomb, en or, mais d'un point de vue métaphorique, il y a l'alchimie spirituelle, et c'est là tout à fait le processus de transformation intérieure qui conduit Gwyon à devenir Taliesin, en intégrant, au travers de ses transformations successives, les quatre éléments symboliquement présents en tout être humain.

L'origine ancienne du mythe de Taliesin –probablement né à l'Age du Bronze, comme nous l'avons vu- pourrait conduire à s'étonner de sa dimension alchimique, tellement centrale qu'elle ne peut en aucun cas constituer un ajout tardif. Cependant, c'est bien moins surprenant qu'il n'y paraît : l'origine de l'alchimie n'est pas

---

14   En gallois moderne, ce mot signifie « chimiste » ; en langue ancienne, il pouvait signifier « ouvrier métallurgiste » ou « alchimiste ». Il évoque en tous cas systématiquement les métiers requérant la maîtrise du feu.
15   L'Awen est cet élixir magique d'inspiration qu'au début du conte, Ceridwen recherche pour AfangDu : il confère connaissance et inspiration à quiconque y goûte. Elixir symbolique, l'Awen est donc l'illumination que recherche la barde, ce qui explique le rôle central du mythe de Taliesin dans l'apprentissage de ce grade.

médiévale, comme on le croit souvent, à tort, puisqu'elle est attestée dans l'Egypte antique, notamment, comme le rappelle le mot lui-même. En effet, le mot « alchimie » vient de l'arabe « al kemia », qui signifie « l'art de la Terre Noire », c'est-à-dire la Pays de Kemi, nom antique de l'Egypte. AfangDu symbolise donc le plomb, ou la terre noire non purifiée par le creuset alchimique ; c'est Gwyon qui opère finalement sa métamorphose, et Taliesin acquiert un corps de lumière dorée, autre façon de dire qu'il atteint la perfection.

Parmi les thèmes centraux de l'alchimie, on trouve l'union de l'Homme et de la Femme, présentée comme la conjonction du Soleil et de la Lune… thème que l'on retrouve au cœur du mythe de Taliesin, puisque derrière l'histoire de la femme qui veut aider son enfant laid, c'est en fait la lune qui cherche le soleil, la Déesse à la recherche de son Dieu… Le thème est d'ailleurs classique dans toutes les spiritualités : Marie n'incarne-t-elle pas ce même archétype quand elle efface symboliquement Joseph pour suivre Jésus durant son Ministère[16] ? Ou Ceridwen serait-elle une incarnation de l'archétype de la « mère juive » qui surprotège et surtout sur-investit son fils, comme le fait Eve avec Caïn, ou encore Hannah avec Samuel, au point qu'elle ne peut enfanter qu'après lui avoir conféré une immortalité symbolique, au travers d'un nom qui signifie « son nom est Dieu », et duquel la mère veut de toute évidence faire un destin ?

On peut d'ailleurs continuer à interroger le mythe en lien avec la tradition hébraïque : Taliesin ne serait-il pas le *tiqoun* d'AfangDu, comme Samuel est celui de Caïn ? Le *tiqoun* est celui qui, qu'il soit de la lignée du premier personnage ou non, revit la même épreuve, mais réussit là où son prédécesseur a échoué. Il ne s'agit pas, ici, de réincarnation, du moins pas forcément, même si les deux thèmes sont parfois étroitement liés: c'est moins une âme individuelle qui apprend une leçon que l'intelligence universelle qui compense. Ainsi, Caïn a tué, mais Samuel condamne sans appel le recours au meurtre, allant même jusqu'à empêcher le Roi David, pourtant aimé de Dieu, de construire le Temple de l'Eternel, après que le souverain ait envoyé à la mort Uri, époux de Bethsabée, qu'il

---

16   Joseph, père putatif, déjà absent lors de la conception de son fils, n'est pas plus présent quand il accomplit son destin ; Marie, elle, est présente, et on peut penser qu'elle incarne, aux côtés de Jésus, le pôle féminin essentiel à l'équilibre cosmique…

convoitait. Et peu importe que la compensation soit karmique ou purement symbolique : l'épreuve est passée avec succès. De la même façon, Taliesin atteint la connaissance et l'inspiration qu'AfangDu s'est vu refusées, et il est libéré de la Mère, alors qu'AfangDu reste emprisonné dans son amour d'autant plus puissant et douloureux que c'est un amour déçu : pour Ceridwen, AfangDu n'est pas l'incarnation du Dieu aux côtés de la Déesse, cette complémentarité indispensable que constitue tout fils pour sa mère, et dans laquelle, des millénaires plus tard, la psychanalyse se plaira à voir une compensation phallique, et la raison du surinvestissement plus fréquent des mères vis-à-vis de leurs fils – compléments d'elles-mêmes-, que de leurs filles –prolongements d'elles-mêmes.

De ce point de vue, le personnage de Ceridwen est intéressant surtout parce qu'il montre ce surinvestissement du fils dans le contexte d'une société plutôt matriarcale, ou du moins très égalitaire, alors qu'on se serait attendu à ce qu'une société où les rôles féminins ne sont pas dévalorisés conduisent à plus d'investissement sur la fille. On l'aurait mieux compris, par exemple, dans le monde romain, où les patriciennes, éternelles mineures[17], ne pouvaient se piquer de politique ou d'honneurs que par fils interposé. J'y vois, pour ma part, non pas une source d'interrogation sur le caractère plutôt égalitaire de la société celte, mais un simple parti pris alchimique : le processus nécessite la complémentarité des contraires, et le sens symbolique serait très différent si Ceridwen se faisait mère louve défendant sa fille et voulant conférer à celle-ci des attributs de la divinité.

Au terme de ses transformations et de ses voyages au travers des éléments, Taliesin, devenu grain de blé, est donc avalé par Ceridwen, transformée en poule, et la matrice de la déesse devient l'athanor où se parachève son processus de transformation. A l'issue de la période de gestation, il vient au monde, et est donc un tout petit enfant, ce qui, en hébreux, se dit *tinoq*. On constate donc qu'en hébreux, langue qui ne note que les consonnes, celles de *tinoq* et de *tiqoun* sont identiques, et ont simplement permuté ; cela souligne, au niveau kabbalistique, le lien incontournable entre les deux notions : un tout-petit (*tinoq*), ne serait-il pas toujours un

---

17   Même si les lois augustéennes, à partir de l'An 27 avant notre ère, améliorèrent grandement leur autonomie juridique et financière, notamment en cas de veuvage

espoir de compensation d'un échec ou d'une déception antérieure (*tiqoun*) ? En ce sens, la naissance de Taliesin, réalisation matérialisée de l'existence d'un Dieu, égal et complément de la Déesse, n'est-elle pas l'inévitable compensation de celle d'AfangDu ?

Les liens pouvant être établis entre la naissance de Taliesin et la tradition hébraïque ne s'arrêtent d'ailleurs pas là : tout comme Moïse (même si ce n'est pas pour les mêmes raisons), sa mère le confie aux eaux dans un berceau de jonc et de mousse et, recueilli par un des enfants du Roi (la fille du pharaon, dans le récit biblique), il est ainsi mis sur le chemin de sa destinée…

Mais revenons à la genèse de ce conte, et au moment où Gwyon reçoit l'Awen en absorbant trois gouttes de la potion contenue dans le chaudron sur lequel il est chargé de veiller…

L'Awen est la métaphore de l'inspiration et de la connaissance qui nous permettent de dépasser nos limitations ordinaires, dépassement si précieux aux artistes, et notamment aux bardes. Certains érudits en ont eu une interprétation plus terre à terre, soutenant que si l'Awen permet de transcender les états ordinaires de conscience, c'est très probablement parce que loin d'être une métaphore, le breuvage, bien réel, aurait été en fait une potion hallucinogène employée par les druides lors de cérémonies initiatiques, par analogie avec les herbes et champignons encore parfois utilisés, de nos jours, pour leurs propriétés psychotropes, par certaines spiritualités traditionnelles, afin d'ouvrir à l'initié les portes d'autres réalités[18]. Les druides, familiers de la nature et des plantes à usage médicinal, auraient ainsi parfaitement pu connaître les propriétés hallucinogènes de champignons tels que le psilocybe, ou encore l'amanite tue-mouche, que l'on trouve en abondance en France comme en Grande-Bretagne, et les utiliser pour ouvrir les portes de la perception, seuls ou dans des potions, associés à d'autres plantes. Pourtant, l'Awen désigne clairement quelque chose qui transcende, de très loin, les moyens employés pour l'obtenir.

Commençons par souligner qu'en matière de symbolisme, le

---

18   Rappelons, à ce sujet, le succès rencontré par l'ayahuasca auprès des premiers passionnés du New Age… et les problèmes qui résultèrent parfois de son usage non cérémoniel, donc non encadré.

chaudron est loin d'être un simple récipient destiné à réchauffer la soupe : il représente le principe féminin, donc la Déesse. L'inspiration jaillit donc, symboliquement –elle a vraiment jailli pour Gwyon : les trois gouttes qu'il a ingéré ont éclaboussé son doigt-, de la matrice de la Déesse, c'est-à-dire qu'elle prend naissance dans l'hémisphère droit, intuitif, de notre cerveau. L'énergie féminine est donc la source de l'inspiration, comme le diront aussi les grecs au travers des filles de Mnémosyne[19], et le druidisme n'est décidément pas une spiritualité patriarcale[20] ! L'histoire de Taliesin, comme beaucoup de mythes celtes, confirme donc pleinement l'importance que ceux-ci accordaient à la Déesse, faisant de son chaudron le lieu où naît toute inspiration, comme la matrice engendre le bébé ; Ceridwen, à son corps défendant, remplit d'ailleurs ce double rôle d'inspiratrice et de génitrice pour Taliesin, étant à la source de sa seconde naissance physique comme de sa renaissance spirituelle.

Si l'inspiration prend naissance dans la matrice de la Déesse – son chaudron-, par ailleurs créatrice de toute vie, il n'est même pas aberrant de penser que le druidisme originel, tout en l'adorant et l'honorant aux côtés du Dieu, et en les jugeant indissociables et complémentaires, lui accordait un peu plus d'importance qu'à ce dernier. On peut, là encore, souligner un point de convergence entre druidisme et Judaïsme, puisque cette religion, considérée comme très patriarcale, considère pourtant la Femme comme plus proche que l'Homme de principe divin : c'est pour cela qu'elle se trouve dispensée de certaines prières -si elle est plus proche de Dieu par essence, son chemin vers Lui est plus court- ; c'est pour cela, aussi que les femmes remercient traditionnellement Dieu, dans la prière du matin, de les avoir faites *« femmes, et non hommes »*. C'est d'ailleurs peut-être cette proximité reconnue, par-delà les traditions, de la Femme et du Divin, qui en fait par définition la Muse, l'Inspiratrice et l'Initiatrice... Le fait que le Christianisme n'affiche pas une semblable position ne saurait induire en erreur, si l'on considère que la femme, dans la religion

---

19   Les Neuf Muses, déjà évoquées
20   C'est la Renaissance druidique qui lui donnera, bien à tort, cette réputation, puisqu'en ce début du XVIIIème siècle, ceux qui y participèrent étaient, contexte social oblige, quasi exclusivement des hommes. Et ce d'autant plus qu'il fallait, pour être accepté, rendre ce nouveau druidisme compatible aussi bien avec le christianisme qu'avec la franc-maçonnerie spéculative, née la même année. Il faudra attendre les années 1960 pour que parler de la Déesse deviennent envisageable... et pour que le néo druidisme accueille les femmes, par la petite porte.

chrétienne, doit sa position très secondaire à la fois à l'influence romaine et à celle de Saint Jérôme, auteur de la traduction latine de la Bible qui fera référence pendant plus d'un millénaire, c'est-à-dire de la Vulgate, mais qui, misogyne notoire, laissa parfois cette conception personnelle influencer le choix des mots, voire le sens général de certains versets, toujours au détriment des personnages féminins. La comparaison avec les versions plus anciennes, ou encore avec les Évangiles dits apocryphes, car écartés du Canon en 325 par l'éminemment politique Concile de Nicée, est, de ce point de vue, absolument révélatrice.

Plus les histoires sont anciennes, d'ailleurs, plus la place de la Déesse y est centrale, et son ou ses archétypes bien définis : songeons à la Triple Déesse, tour à tour jeune fille, mère, puis vieille femme, les trois aspects étant, là encore, complémentaires et impossibles à séparer. Si la Déesse est liée à la Lune, la Triple Déesse l'est triplement, puisqu'elle en reflète les différentes phases. Le Dieu est présent dans la culture celte, mais il est présent comme complément de la Déesse, jamais l'inverse.

Il est intéressant, dans la mesure où le druidisme est le chamanisme européen originel, de s'intéresser à ce que dit le chamanisme amérindien de la complémentarité du masculin et du féminin : les convergences de croyances (religions de la Terre, esprit présent dans chaque chose vivante, etc...) et de pratiques (loges de sudation, animaux de pouvoir, etc...) laissent à penser que la pensée des chamans amérindiens pourrait, sur ce point, nous donner de précieuses indications sur celle des Celtes et de leur caste sacerdotale. Pour les Amérindiens, donc, les hommes apprennent aux femmes à s'adapter au quotidien, tandis que les femmes parlent aux hommes du Rêve Sacré : on retrouve donc ici aussi la femme inspiratrice et initiatrice, plus proche du divin, ou du moins plus consciente de celui-ci. Et, pour eux aussi, l'équilibre du masculin et du féminin, à l'intérieur de chaque homme et de chaque femme, comme l'équilibre des relations entre hommes et femmes dans la société, est une condition indispensable d'harmonie et de bien-être individuel et collectif. L'obsession globale des religions -de toutes les religions- pour le mariage tient d'ailleurs peut-être autant de cette recherche mal comprise d'harmonie énergétique que d'une volonté de codification des relations sociales ?

Le druidisme présente cette étonnante particularité d'être à la fois théiste –il croit en des dieux et déesses, ou du moins en des principes divins masculins et féminins- et panthéiste, puisque la divinité s'exprime partout et est présente en toute chose –comme dans toutes les religions de la Terre, ce qui explique leur immense respect de la Nature et de la Vie-. Mais cette double vision, complémentaire plus que contradictoire, est une force, puisqu'elle le garde de tout dogmatisme. On trouve ainsi, parmi les druides contemporains, des personnes croyant en un Dieu, en une Déesse, en les deux, en un Esprit non sexué, présent en toutes choses ou détaché de celles-ci, attachés à la notion de déité ou agnostiques, monothéistes ou polythéistes... Ils sont rarement athées, cependant, puisqu'à leurs yeux, la Nature, au moins, revêt un caractère sacré. Mais cette multiplicité de conceptions du Divin, qui cohabitent au sein de la même spiritualité, n'est au fond qu'une expression de leur conception de la vérité comme multiple plutôt qu'absolue, du temps comme cyclique plutôt que linéaire...

De nos jours, de nombreux théologiens, en particulier juifs et chrétiens, considèrent que la déité ou les déités seraient à la fois immanentes et transcendantes, c'est-à-dire qu'elles existeraient en chacun de nous (là on est proche du panthéisme), tout en existant comme entités séparées, en dehors de nous (et là, on est en plein dans le théisme), ce qui est parfaitement en accord avec la psychologie de Carl Gustav Jung, qui conçoit Dieu, et les dieux, à la fois comme séparés de nous et sous forme d'archétypes. D'un point de vue chrétien, peut-on donc affirmer qu'au-delà de la consubstantialité du Père (Dieu) et du Fils (Jésus), il y a une consubstantialité du Père avec chaque être humain, ou du moins chaque croyant, puisque pour chacun d'eux, l'aspiration ultime doit être d'imiter Jésus, c'est-à-dire d'en incarner l'archétype ? Ce serait, à n'en pas douter, la forme la plus achevée d'immanence et de transcendance mêlées ! Rien de similaire dans le Judaïsme, si ce n'est qu'être le peuple élu par Dieu, c'est sans doute le porter en soi à chaque seconde, et donc acter, par sa simple existence, les dimensions simultanément immanentes et transcendantes de la déité.

La religion musulmane se différencie clairement, là aussi, des autres religions du Livre, et verrait à coup sûr comme un blasphème le fait qu'un être humain puisse détenir en lui la moindre parcelle d'étincelle divine ; elle en dénie même la possibilité à Jésus, qu'elle ne voit que comme un prophète, humain parmi les humains. L'Islam, par son nom même, qui signifie « soumission », détache clairement le Créateur de la créature, dont la seule finalité est de se soumettre à lui... Pas d'étincelle divine chez l'être humain, rien de cette dimension sacrée d'archétype du créateur qui lui est concédée par les autres religions révélées. Donc pas de possibilité d'interprétation par l'être humain de la parole de Dieu, qui se trouve ainsi irrémédiablement figée, puisque, ne participant en rien à la nature divine, il n'est pas digne d'en interpréter le sens ou de la faire évoluer. Cette vérité considérée comme unique, figée et achevée[21], rend difficile de trouver des ponts avec le druidisme, sa vision d'un monde chaque jour renouvelé spirituellement, et d'une vérité multiforme, voire multiple.

Si la pensée druidique se refuse à figer la connaissance spirituelle en la mettant par écrit, le Judaïsme comme le Christianisme sont préservés, à leur façon, de trop de rigidité en la matière : la double nature immanente et transcendante de Dieu confère à l'être humain une parcelle de divinité qui le rend digne d'interpréter, de kabbaliser, de faire évoluer... Ecrite et sacrée, la parole de Dieu n'est donc pas pour autant imperméable aux changements du monde dans lequel vivent ceux qui la suivent ; le temps d'adaptation est parfois long, mais l'évolution voulue par l'Homme n'est en rien une impossibilité ontologique. Par exemple, la religion juive, originellement fondée sur une transmission patrilinéaire, a évolué dans le sens d'une transmission par la mère, pour tenir compte de la difficile réalité de l'occupation gréco-syrienne, puis romaine, et des viols fréquents qui en résultaient ; la nécessité de répondre à des situations humaines sensibles a donc bel et bien fait évoluer des principes fondateurs sacrés. Et la religion juive s'est ainsi rapprochée de la société celte, contemporaine, au sein de laquelle la transmission de l'héritage s'appuyait sur la lignée maternelle : les héritiers d'un homme étaient légalement les enfants de sa sœur[22], pratique qui tomba en désuétude sous l'influence romaine, peu avant le début de l'ère

---

21   L'Islam considère Mahomet comme le dernier prophète et la Révélation achevée. Rien, à ses yeux, ne peut donc plus faire évoluer un texte jugé parfait, et rien ne peut l'amender pour l'adapter aux évolutions du monde.
22   C'est la raison pour laquelle Mordred est si meurtri, dans les récits de la Table Ronde, qu'Arthur refuse de le reconnaître comme héritier : même en tant que neveu, il pouvait s'y attendre... Le contexte christianisé où le récit s'est transmis a occulté cette dimension.

chrétienne, alors qu'une femme transmettait son patrimoine à ses propres descendants...

Vue la faible propension – et c'est un euphémisme !- des Celtes, et plus particulièrement des druides, à coucher par écrit les choses ayant trait à la spiritualité, il est douteux que nous puissions jamais savoir avec certitude si ils voyaient la déité comme immanente et transcendante, ou si leur croyance impliquait plutôt que les nombreux dieux et déesses qu'ils vénéraient étaient des aspects différents et complémentaires d'un principe divin unique, ou encore que chaque divinité était un être différencié et autonome. Nous sommes par contre en mesure d'affirmer avec certitude que les dieux et déesses abondaient dans le monde celte, puisqu'on a recensé plus de quatre cents théonymes[23]. Pour les Celtes, le monde naturel était empli d'énergie et de puissance numineuse[24], et tout être vivant –humain, animal ou végétal, voire minéral- était doté d'un esprit : c'est ce qui fait de la religion druidique une croyance par essence chamanique, où une démarche visant à se concilier les force naturelles ou à les convaincre d'agir pour soi fait profondément sens.

Si l'avènement du Christianisme conduit à passer du paradigme de divinités multiples à celui d'un Dieu unique, l'influence druidique, et notamment celle des druides ayant rejoint les premiers monastères dans une volonté de préserver celles de leurs connaissances et croyances qui pouvaient l'être, fusse sous une forme modifiée, est évidente, et a en quelque sorte fait se réincarner un bon nombre de déités celtiques sous les traits de saints chrétiens. Ainsi, les déesses Ana et Brigid, chères aux Irlandais, ont pris les traits de Sainte Anne[25] et de Sainte Brigitte[26],

---

23   Les trois quarts, cependant, ne sont attestés qu'une seule fois, et semblent se référer à des divinités locales, chacune étant liée à un site sacré, une source, une colline, une rivière ou un bosquet. D'autres déités sont universelles dans le monde celte et d'autres encore, sans l'être, sont attestées dans plusieurs régions.
24   Présence effective du Sacré
25   Mère de la Vierge Marie
26   Brigit, avatar de la Triple Déesse, était particulièrement adorée lors d'Imbolc, fête qui, marquant le début du printemps, avait lieu le 1er février. Or, La Sainte Brigitte est célébrée par les Chrétiens... le 1er février !
   Notons que, pour les Celtes, solstices et équinoxes marquaient les milieux de saisons, et non leur début ; le printemps commençait donc le 1er février (Imbolc), l'été le 1er mai (Beltane), l'automne le 1er août (Lugnasad), et l'hiver le 1er novembre (Samhain). Beltane et Samhain étaient considérées comme des périodes particulièrement magiques.

tandis que la Vierge Marie se voyait attribuer les fonctions de la Déesse Mère. Ce dernier point a d'ailleurs été, pour le moins, un fort sujet de perplexité pour les druides et leurs fidèles qui demeuraient encore : à leurs yeux, il était étrange de faire d'une vierge la mère, même purement symbolique, des êtres humains, car que pouvait bien savoir une vierge des maux de l'humanité ? La Triple Déesse, symbolisant tous les âges de la vie à la fois, était, de ce point de vue, nettement plus satisfaisante. De même, les sites sacrés, en particulier les sources, demeurèrent des lieux de pèlerinage, et ces changements furent d'autant mieux acceptés par les fidèles qu'ils se limitèrent généralement au toponyme.

Dans une certaine mesure, on peut postuler que la multiplicité des aspects de Dieu -même si Dieu est par définition unique dans la première des religions monothéistes- n'est pas étrangère non plus au Judaïsme : l'Eternel n'est-il pas désigné par le mot Elohim, qui est sans le moindre doute un pluriel ? Cela s'explique si l'on parle d'un Dieu à la fois immanent et transcendant, Un, mais partout présent, donc multiple dans ses manifestations.

Le mythe de Taliesin montre l'attention du druidisme tout particulièrement focalisée sur la Déesse, mais on aurait tort d'en faire un argument pour oublier que les Celtes et les Druides reconnaissaient pleinement l'importance et la valeur du principe masculin dans la vie comme dans la divinité : si ce conte débute en incitant à l'adoration de la Déesse, qui inspire et nourrit, tout son déroulement conduit à l'émergence du Dieu, à la fin pleinement réalisé et digne d'être adoré aux côtés de la Déesse, leur permettant d'être enfin symboliquement, ensemble, le Père et la Mère de chaque être humain. En ce sens, la préexistence de la Déesse n'est pas une prééminence, mais juste un constat biologique : c'est Elle qui donne la vie... même au Dieu.

Si ce récit montre le cheminement d'un enfant qui peu à peu devient adulte, c'est pour indiquer à qui l'écoute et l'étudie une route –pas LA route : la vérité druidique n'est jamais unique- qui permette de grandir pour accéder à la sagesse et à la maturité spirituelle, ce qui implique notamment de savoir reconnaître, en soi, à la fois la Déesse et le Dieu. C'est au travers de cette maturité spirituelle que nous pouvons pleinement réaliser l'inspiration donner par l'Awen, et exprimer pleinement notre pouvoir créatif : Gwyon ne se met pas à réciter des vers merveilleux dès qu'il a ingéré les trois gouttes issues du précieux chaudron, c'est Taliesin qui le fera, à l'issue de son périple jalonné d'épreuves qui le font grandir, et révélera alors son nouveau nom. D'un certain point de vue, on se trouve donc face au thème classique du voyage initiatique, et Gwyon, à travers des contrées inconnues et des peuples surprenants (symbolisés par les différents animaux dont il prend successivement la forme), voit son périple le mener de la maison de la mère à celle du père. Mais bien que le début de l'histoire soit centré sur la maison de la mère et sa conclusion, sur celle du père, l'autre sexe est, dans les deux cas, bien présent : Morda est présent à ses côtés en tant que substitut de père tandis qu'il veille sur le chaudron de Ceridwen, et Taliesin, dans la maison d'Elfin, est également accueilli, un peu plus tard, par sa nouvelle mère adoptive. Le masculin et le féminin sont toujours présents : seule leur importance relative a changé.

De la même façon, le masculin et le féminin sont présents à chaque instant en chacun de nous, dans des proportions qui, seules, sont sujettes à variation, d'un moment à l'autre et d'un individu à l'autre : si l'on est femme, on n'est pas nécessairement plus proche de la Déesse que si l'on est homme, et être un homme ne rend pas forcément plus proche du Dieu. Dans la pensée druidique, il est bien moins question, ici, de sexes physiques que d'énergies masculines et féminines. Les notions d'immanence et d'archétypes entérinent cette présence permanente en chacun de nous, quel que soit notre sexe, des deux pôles de la déité, qu'on la conçoive sous la forme d'un Dieu et d'une Déesse uniques ou, au contraire, d'une multitude de divinités. Le Yin (énergie féminine) et le Yang (énergie masculine), chers à la pensée bouddhiste, sont donc bel et bien présents également dans le druidisme, pourtant fort éloigné dans le temps et dans l'espace, comme l'expression d'une vérité universelle et fondamentale.

Un récit initiatique

Si on regarde le conte de Taliesin comme un récit initiatique, Gwyon, dont le nom signifie « petit », ou « petit innocent », y fait de toute évidence figure de postulant. Morda, qui l'accompagne durant la première partie de l'histoire, apparaît, dans cette même optique, comme son opposé et son complément : il est vieux là où Gwyon est jeune, expérimenté là où il est innocent. Ensemble, ils sont en quelque sorte le duo symbolique *senex* et *puer* de la psychologie jungienne – le vieil homme et le jeune garçon.

En ce sens, le conte nous guide sur le chemin de notre potentiel créatif : il enseigne au barde comment devenir Taliesin, qui en est l'archétype. L'une des clefs nous est donnée dès le début du mythe : pour exprimer pleinement notre potentiel créatif, il nous faut apprendre à combiner l'innocence de l'enfance, son côté joueur et sa capacité d'émerveillement, avec le savoir et l'expérience de l'adulte. *Senex* et *puer* doivent travailler de concert, comme Thomas Huxley le résumera par la formule : *« Le secret du génie est de faire perdurer l'esprit de l'enfance jusque dans la maturité »*.

On peut penser que la longue cohabitation de Morda et Gwyon, veillant conjointement, durant un an et un jour, sur le chaudron préparé par Ceridwen, a été l'occasion pour le viel homme de faire à son jeune compagnon de nombreux récits, de partager avec lui maintes expériences et connaissances, tandis que ce dernier lui contait ses enthousiasmes, ses révoltes et ses interrogations... Morda représente la sagesse d'une expérience accumulée, là où Gwyon incarne l'énergie et l'innocence ; prendre conscience que nous portons en nous ces deux aspects, qui s'expriment tour à tour, peut nous aider à comprendre comment nous pouvons parfois éprouver, en toute sincérité, des sentiments de naïveté et d'innocence, et à d'autres moments, nous sentir portés par la sagesse et l'expérience. Déroutante complémentarité d'états d'esprit apparemment contradictoires, dont nous avons pourtant tous fait l'expérience ! Au cœur du mythe, comme dans un rêve, nous sommes tous les personnages, et chacun incarne un aspect ou une part de nous-même : c'est à cet aune que nous devons lire l'histoire de Taliesin.

Sans la capacité d'émerveillement du Jeune, le Vieux, en nous, pourrait nous rendre cynique ou désabusé. Mais sans la maturité du Vieux, le Jeune pourrait nous faire agir de façon trop irréfléchie ou imprudente... En prenant conscience de ces deux personnages intérieurs et en les conduisant à dialoguer -ce qui est d'ailleurs une des finalités courantes du Voyage Chamanique, en particulier quand il est entrepris dans une optique de guérison-, nous marions notre enthousiasme à notre connaissance du monde, notre expérience à notre capacité d'émerveillement. Les archétypes, en même temps qu'un chemin d'expression de soi, font souvent émerger une problématique d'équilibre à trouver et de conciliation, non pas des contraires, mais de tendances apparemment opposées dans notre personnalité ; y parvenir, c'est trouver la sagesse, la créativité, et élever son niveau de conscience en dénouant des blocages énergétiques et relationnels. Un mythe, quelle que soit la tradition à laquelle il se rattache, est toujours une voie proposée vers une expression de soi plus harmonieuse, et donc un rapport aux autres plus harmonieux. « S'améliorer soi-même pour améliorer la société » n'est pas exclusivement un projet maçonnique : c'est le point commun de toutes les spiritualités, théiste ou non. C'est donc aussi un bon point de repère pour distinguer une croyance religieuse qui est comme il se doit avant tout un vecteur d'expression spirituelle – et donc qui ouvre un chemin d'évolution-, d'une autre qui, oublieuse de cette dimension, serait réduite à n'être plus qu'un instrument d'endoctrinement, ou du moins de justification politique -et n'offre dans ce cas pour perspective que la stagnation-.

Les échanges permanents, durant toute une année, entre Morda et Gwyon, se présentent comme un ballet, au comme une partie d'échec, où le noir et le blanc - donc des principes opposés : ceux des deux extrémités de la vie- s'affrontent pour exprimer à chaque fois, au final, une complémentarité dans la nécessaire conciliation des contraires. Les qualités de la vieillesse –patience, maturité, expérience-, ne cessent d'interagir avec l'enthousiasme, le désir et l'énergie de la jeunesse.

C'est ce dialogue incessant qui permet à Gwyon de grandir et de se trouver projeté dans la phase suivante de son développement.

Cette année d'attente –un an et un jour, pour être précis- représente la première des trois incubations auxquelles Gwyon doit successivement se soumettre : la seconde se confondra avec le processus de gestation, dans la matrice de Ceridwen, et le troisième alors qu'il flotte vers le déversoir à saumons, dans son couffin tressé de jonc. Trois, chiffre sacré pour les Indo-Européens, et donc pour les Celtes : songeons aux trois visages de la Triple Déesse, mais aussi à l'organisation tripartite de la société et aux trois niveaux du sacerdoce (barde, ovate et druide).

L'organisation sociale tripartite survivra d'ailleurs, en France, jusqu'à la Révolution de 1789, puisqu'au printemps de cette année-là, les Etats Généraux réuniront les Trois Ordres[27]. On peut même estimer qu'elle survivra à l'Ancien Régime puisque, dans notre pays comme dans toutes les démocraties, la séparation des trois pouvoirs –exécutif, législatif et judiciaire- est un principe absolument incontournable.

Trois : chiffre sacré dans de nombreuses traditions religieuses, spirituelles ou philosophiques, des Triades de la mythologie égyptienne –la plus connue étant celle formée par Isis, Osiris et Horus- à la Trinité chrétienne (le Père, le Fils et le Saint-Esprit), en passant par le trois doshas[28] de la médecine ayurvédique. On citera encore, pour le monde gréco-romain, la Triade Capitoline –formée de Jupiter, Junon et Minerve-, les Trois Parques[29], qui président aux destinées des êtres humains, ou encore les Trois Grâces… Dans le même esprit, on peut évoquer également la Trimurti indienne, composée de Brahma, Vishnou et Shiva, qui expriment respectivement l'idée de créer, de tenir et de détruire. On ne connaît pas l'explication de la fréquence de l'importance symbolique attachée à ce chiffre, mais on peut suggérer qu'il évoque la Terre, troisième planète du système solaire, ou encore les trois couleurs primaires. On pourrait estimer aussi que le caractère sacré du Trois tient au fait qu'il est le chiffre de la création par excellence, puisque le père et la mère donnant naissance à l'enfant, réalisent bel et bien le plus important des actes de création quand de Deux, ils font Trois. Le 3, par ses deux courbes superposées est lié à la fois au Ciel et à la Terre, à l'inspiration et à sa concrétisation.

Pour le Judaïsme également, le chiffre Trois revêt une importance spécifique : le calendrier biblique débute avec le mois de Nissan, et le troisième mois est donc celui de Sivan, celui où fut donnée la Torah sur le Mont Sinaï, événement fondateur d'une importance absolument capitale pour tous les Juifs, et même pour l'ensemble de la civilisation judéo-chrétienne. Elle fut donnée à Moïse, troisième enfant de sa famille, après que le peuple se fût préparé pendant trois jours à recevoir ce don. Et la division de la société qui en résulte est, là aussi, tripartite, puisque des rôles sociaux et religieux spécifiques sont attribués au Kohanim, au Leviim, et au reste du peuple d'Israël. Trois, c'est également le

---

27   Noblesse, Clergé et Tiers-Etat
28   Vata, Pitta et Kapha
29   Clotho, Lachésis et Atropos

nombre des Patriarches, pères fondateurs du peuple juif, comme le souligne notamment *l'Exode 3:15* : « *Dieu dit encore à Moïse: Tu parleras ainsi aux enfants d'Israël: L'Eternel, le Dieu de vos pères, le Dieu d'Abraham, le Dieu d'Isaac et le Dieu de Jacob, m'envoie vers vous. Voilà mon nom pour l'éternité, voilà mon nom de génération en génération.* ». Leur vie est marquée par des pérégrinations dans la région du Néguev et de Sichem ; ils ne sont pas, stricto sensu, des prophètes, mais ils sont en charge de la réalisation de l'Alliance, au travers de leur descendance. Car ils sont tous de la même souche, descendants de Sem, fils de Noé, mettant ainsi en relief le lien étroit entre le chiffre Trois et la lignée, la transmission. Car le Trois, toutes traditions confondues, c'est d'abord et avant tout le Père, la Mère et l'Enfant, donc l'enchaînement archétypal des générations.

La fête chrétienne de Pâques, qui compte trois jours entre la Crucifixion et la Résurrection, poursuit cette tradition de faire du Trois un chiffre sacré. Et la liturgie catholique dénombre traditionnellement trois archanges : Michaël, Raphaël et Gabriel.

Mais si le nombre d'incubations que subit Gwyon dans son processus de transformation alchimique est hautement symbolique, la durée de cette première période de maturation ne l'est pas moins : un an et un jour constituait une période sacrée pour les anciens Celtes, et c'était par exemple un an et un jour à l'avance que les bardes annonçaient un grand rassemblement festif, ou Eisteddfod. Par ailleurs, les mariages à l'essai d'un an et un jour, à l'issue duquel on organisait une nouvelle cérémonie si le couple voulait s'engager à vie, faute de quoi l'union était dissoute, et chaque membre du couple pouvait repartir librement de son côté, furent longtemps légaux en Irlande.

Cette période d'un an et un jour permet à Gwyon d'apprendre et de mesurer l'importance de la patience, de l'attente, du processus de maturation qui préside à tout événement, de l'écoute et de la sagesse que confère l'expérience. Au fil des mois, il reçoit les récits de Morda, et la transformation opère au travers de ce processus de la jeunesse apprenant de la vieillesse. Cette transmission intergénérationnelle est devenue de plus en plus rare au fil du temps, les familles étendues s'étant substituées au clan, puis les familles nucléaires (un couple et ses enfants) aux familles étendues. A l'heure où les familles monoparentales sont de plus en plus nombreuses, on ne peut que constater qu'il reste de moins en moins d'adultes pour transmettre à chaque jeune le fruit de son expérience, pour illustrer pour lui les racines et les valeurs qui sont son héritage et sa responsabilité. La télévision, même si elle avait des programmes qualitatifs, ce qui est trop rarement le cas, ne saurait y pallier, car la transmission passe autant par l'expérience et l'émotion que par l'information. Notre société n'a pas seulement perdu ses rites de passage : elle a vu s'amenuiser, en quelques décennies, la valeur initiatique de la transmission[30]. Entre *Senex* et *Puer*, il n'y a plus que rarement cette camaraderie de la narration qui relie les générations entre elles.

Le mythe de Taliesin nous apprend donc ici à respecter à sa juste valeur et à tenir pour précieuse la magie des rapports humains, à savoir échanger nos histoires, nos pensées et nos sentiments les plus intimes avec un autre être humain, et à se préparer à se sentir enrichi de ce qu'on donne comme de ce qu'on reçoit, que ce soit d'un aîné, d'un ami proche, ou encore d'un thérapeute. Les anciens Irlandais pensaient que nous avons tous besoin d'un ami spécial, qu'ils appelaient Aman Cara (qui peut être en fait un ami, un amour, un parent, etc... c'est le lien spirituel qui est ici en cause), c'est-à-dire une âme amie, capable d'écouter l'histoire de notre vie sans porter de jugement, sans se limiter à partager nos préoccupations matérielles et récréatives, comme cela se passe dans trop de rapports humains. L'Aman Cara sait au contraire écouter la voix de notre âme, comprendre nos émotions, mais aussi partager son cœur et ses expériences de façon ouverte et désintéressée, sans besoin d'approbation ou désir de recevoir quelque chose en retour. Si nous avons de la chance, nous pouvons même rencontrer plusieurs de ces amitiés spirituelles intimes, d'une valeur infinie, au cours de notre vie, et jouer réciproquement le rôle d'Aman Cara auprès des mêmes personnes.

L'aveugle Morda représente notre Moi intérieur, spirituel, qui, quoi que vieux et sage, ne sait voir que dans l'Autre Monde, et a donc besoin de Gwyon, notre Moi quotidien, enthousiaste et juvénile, pour lui servir de guide. Le chemin de la sagesse et de

---

30   Le Judaïsme l'a un peu mieux préservé : dans la mesure où la transmission y a un caractère religieux central, elle s'est plus fréquemment poursuivie au sein de familles, d'autant que le Shabbat permet des moments dédiés à ces échanges intergénérationnels. La veillée a joué longtemps un peu le même rôle dans les sociétés chrétiennes occidentales, mais comme elle n'avait pas de caractère religieux, elle n'a pas résisté aux changements de modes de vie.

l'expression de sa propre vérité passe donc par l'équilibre entre notre Moi quotidien, c'est-à-dire notre personnalité, et notre âme, c'est-à-dire notre Moi intérieur, même si on a généralement tendance à considérer cette dernière beaucoup plus importante que la première, qui est pourtant celle à laquelle on laisse le plus d'espace d'expression. Le conte nous apprend que ces parts de nous-même sont, l'une et l'autre, nécessaires : nous avons besoin de notre ego et de sa conscience intense d'être au monde, comme nous avons besoin du recul et de la sagesse détachée du Moi intérieur. Morda représente cette part de nous-même qui, n'étant pas absorbée par le présent, peut voir au-delà, au futur, et est en cela l'archétype du prophète aveugle, comme Tirésias[31], le plus grand devin de la mythologie grecque.

Loin d'être un personnage secondaire du mythe de Taliésin, Morda joue au contraire un rôle essentiel, souligné, dans certaines versions du mythe, par le fait qu'ayant demandé à Gwyon de remettre du bois dans le feu sous le chaudron, il est en fait la cause première qui le conduit à consommer les trois gouttes de l'Awen – le chiffre Trois, encore et toujours... ici lié au creuset de l'inspiration, et donc de la création-. Sans les conseils de notre sagesse intérieure, notre âme pourrait-elle atteindre l'illumination et l'inspiration ? Si Morda représente notre âme, il incarne aussi le pouvoir du Temps, du minutage, et l'importance de la synchronicité –nom bien compris des événements capitaux qui font notre destinée en survenant exactement au moment opportun. Notons que la psychanalyse jungienne, très attachée aux archétypes, comme les contes initiatiques, fonde également beaucoup plus son interprétation du monde sur la synchronicité que sur l'insatisfaisante notion de hasard. Morda est l'instrument du destin.

Le catalyseur de cette synchronicité, nous pouvons aussi parfois le rencontrer en dehors de nous, comme quand quelqu'un

---

31   Quand Jupiter prétendit que la femme prenait plus de plaisir que l'homme à l'acte sexuel et que son épouse Junon prétendit le contraire, les deux dieux sollicitèrent l'arbitrage de Tirésias, qui avait l'expérience des deux sexes, ayant été transformé en femme durant sept ans pour avoir troublé l'accouplement de deux serpents. Tirésias se rangea de l'avis de Jupiter, expliquant que si le plaisir de l'acte sexuel était divisé en dix parts, la femme en prendrait neuf alors que l'homme n'en prendrait qu'une. Et Junon, « plus offensée qu'il ne convenait de l'être pour un sujet aussi léger, condamna les yeux de son juge à des ténèbres éternelles », selon Ovide. Jupiter ne pouvait aller à l'encontre de l'arrêt de Junon ; il offrit donc à Tirésias, pour compenser sa cécité, le don de divination et une vie longue de sept générations

entre dans notre vie, fait une seule chose, apparemment anodine, et que tout change, qu'il nous ait conseillé un livre, présenté un ami, ou ait heurté notre voiture... Il ne devient pas nécessairement un personnage majeur de notre vie, mais son influence est cruciale. Nous pouvons tous être pour quelqu'un, à un moment donné, volontairement ou non, ce catalyseur de changement, l'origine de ce petit plus qui donne la direction et la profondeur.

Les mythes, comme les rêves, sont riches en volte-face et en contradictions apparentes : si Gwyon semble mener Morda dans le monde réel, c'est en fait bel et bien Morda qui le guide vers son destin. Le nom de Morda signifie « la bonne mer », et ce n'est pas un hasard, puisque cela permet de souligner la connivence, toute inconsciente, qu'il entretient avec Ceridwen : la Déesse est la Lune, or la Lune dirige les marées, c'est-à-dire l'action de la « bonne mer »... Si on voit en elle la prêtresse d'un culte des Mystères, il en est un portier, celui qui conduit le candidat jusqu'à l'entrée du temple, comme notre âme nous guide vers les expériences qui nous seront apprentissage et transformation. Et, comme dans toute initiation, le processus commence par l'attente, puis par la descente vers les profondeurs (celles de soi-même ?), symbolisées ici par la chaumière où trône le chaudron de Ceridwen, puis par son propre ventre, quand l'expérience s'approfondit.

Cette double descente dans les profondeurs, à la rencontre de soi-même, se retrouve notamment dans l'initiation maçonnique où, lors de la première étape, qui symbolise l'Elément Terre, le candidat séjourne dans le Cabinet de Réflexion, où cette expérience est résumée par l'acronyme V.I.T.R.I.O.L., ce qui signifie, en latin *« Visita Interiora Terrae Rectificandoque Invenies Occultum Lapidem »* -Visite l'intérieur de la Terre, et en rectifiant, tu trouveras la pierre cachée-. On voit souvent dans cette formule l'injonction à regarder au fond de soi pour y trouver sa pierre philosophale, c'est-à-dire l'étincelle qui nous conduira à « rectifier », à nous améliorer pour devenir pleinement ce que nous sommes, et mettre ainsi en œuvre le projet maçonnique : s'améliorer soi-même pour améliorer la société. Toute initiation repose sur une véritable alchimie intérieure. Des années plus tard, lors de sa cérémonie d'élévation au grade de Maître, le franc-maçon se retrouvera une seconde fois cette plongée au cœur de l'Elément Terre, quand il incarnera Hiram au tombeau. Gwyon vit cette même double descente initiatique, et la matrice de Ceridwen est à ce titre, comme celle de toute femme, une expression dans le microcosme du pouvoir de la Terre de mener en elle le processus de transformation qui produit la Vie.

Il pourrait sembler plus attractif que notre âme nous entraîne directement sur le chemin ascendant, vers une vision plus spirituelle et indifférente aux préoccupations terrestres, mais la phase de maturation, le séjour dans le creuset alchimique, semble indispensable à tout progrès spirituel, comme le séjour dans la matrice l'est à la naissance. Nous devons faire face à notre part d'humanité pour permettre à la part spirituelle de nous-même de grandir et de progresser. Et cela d'autant plus que cette humanité, ce vécu quotidien, est ce qui nous met en contact avec l'indispensable synchronicité.

Le Grand Corbeau – L'expérience du Noir Absolu

Le conte de Taliesin, comme nous l'avons vu, souligne l'importance de l'amitié, de la valeur à accorder à la magie des relations, de la capacité à partager avec un autre être humain son vécu, ses pensées et ses sentiments. Quand nous allons au-delà de la trivialité des conversations banales, en particulier quand nous nous livrons à un ami proche ou à un psychothérapeute, nous prenons peu à peu conscience de parts inexplorées de nous-mêmes, de profondeurs insoupçonnées, ce qui met parfois au jour des sentiments de douleur, d'insuffisance ou de rejet. C'est en vertu de cet incontournable cheminement de toute démarche d'introspection qu'un psychothérapie, par exemple, avant de nous rendre plus fort, nous fait nous sentir plus vulnérable et sensible : c'est en reconnaissant les facettes les plus vulnérables de notre nature, souvent refoulées vers l'Inconscient, que nous entamons le chemin permettant de guérir de la peur du rejet, du sentiment d'être indigne d'être aimé, qui affecte en réalité beaucoup d'êtres humains, à des degrés divers. Le personnage d'AfangDu illustre tout à fait ce processus.

Rappelons qu'AfangDu est au départ nommé Morvran (c'est-à-dire Grand Corbeau) par ses parents, même si ce nom n'est pas employé. Il représente, comme chaque personnage du mythe, un aspect de notre psyché, et plus précisément notre côté sombre –et celui de Gwyon- , le Noir Absolu. Gwyon, en effet, n'est là qu'à cause d'AfangDu, comme une image déformée dans le miroir –une image améliorée, puisqu'il devient le Dieu aux côtés de la Déesse, ce qu'AfangDu n'avait pu être, mais une image déformée quand même-. C'est l'infortune d'AfangDu qui rend Gwyon nécessaire et en ce sens, comme nous l'avons vu, on peut estimer qu'il en est le *tiqoun*, l'indispensable compensation karmique qui permet de corriger le déséquilibre créé par la mission non remplie du premier.

Mais si Gwyon est le reflet d'AfangDu, l'inverse est vrai aussi, et ce dernier symbolise donc les sentiments inavoués de douleur et de rejet de Gwyon lui-même. Que Gwyon vole volontairement les trois gouttes de la potion destinée à AfangDu, comme c'est le cas dans certaines versions, ou qu'il les avale par accident, toujours est-il que c'est lui, et non l'autre, qui en est le bénéficiaire. Mais si tous les personnages, au sein du mythe, représentent une part de nous-mêmes, si tous les événements qui y sont relatés sont autant d'étapes du voyage vers la sagesse et l'illumination, cela signifie que nous est livré ici un message sur la relation que nous entretenons avec la part d'ombre qui est en nous : Gwyon, de ce point de vue, reçoit l'Awen non à la place d'AfangDu, mais grâce à lui, puisque le projet avait été conçu pour lui, pour pallier sa laideur.

En tissant des rapports avec cette partie de nous-mêmes que nous nous efforçons de nier, la maintenant symboliquement dans l'obscurité, et qui correspond souvent à notre Moi blessé, à nos failles, nous réalisons pleinement notre potentiel créatif, et nous atteignons la sagesse et la maturité en tant qu'être humain. Simone Veil n'exprime pas autre chose quand elle écrit : *« Il existe une faille en chaque homme : c'est par là que la Lumière peut entrer »*.

Nous sommes enclins à penser que nous recevons l'illumination de la sagesse malgré nos défauts et nos faiblesses, alors que le mythe de Taliesin souligne que c'est grâce à cette part de notre personnalité que nous l'atteignons. Idée qui se retrouve dans la Bible, où il est écrit *« Et la pierre qui fut rejetée deviendra la pierre angulaire du Temple »* - et idée avec laquelle l'analogie est d'autant plus forte quand on sait que la Pierre Angulaire est souvent considérée comme une métaphore du Christ, non seulement par les commentateurs chrétiens de la Bible, mais aussi par les francs-maçons de rite écossais –pas tous épris de religion, mais tous versés dans le symbolisme-.

Notons que, pour ces mêmes francs-maçons, si l'Apprenti est la Pierre Brute et le Compagnon le Pierre Taillée, la Pierre Angulaire est par conséquent le Maître Maçon, non pas parce qu'il est arrivé au bout de son chemin vers la sagesse et vers la perfection –on n'arrive jamais au bout, par définition : on peut toujours s'améliorer, et améliorer le monde en améliorant son rapport au monde-, mais parce qu'il a franchi avec succès les deux premières étapes de l'alchimie intérieure qui conduit chaque être humain vers la réalisation de lui-même, et est engagé dans la troisième. L'Oeuvre au Noir est accomplie sur la Colonne du Nord, quand, bien qu'encore plongé dans la matière désorganisée, le nouvel Apprenti concrétise sa décision de s'engager sur la voie de la créativité et de la réalisation de soi. L'Oeuvre au Blanc entre symboliquement en action dans la rosace du Midi, quand, au grade de Compagnon, on atteint la conscience de la fertilité –l'un des sens de la lettre G, propre à ce grade, n'est-il pas Génération ?- mais aussi de la nécessaire victoire sur le temps cyclique et circulaire. Le processus s'achève très logiquement avec l'Oeuvre au Rouge, synonyme de mort, où le nouveau Maître incarne Hiram assassiné. Mais la mort de l'homme ancien est, dans toutes les traditions, le point culminant du processus initiatique qui permet la naissance de l'homme nouveau, et la charge émotionnelle de ce drame scénarisé conserve une valeur cathartique pour tous ceux qui l'ont vécu.

Le chemin vers la sagesse serait donc l'inverse de ce que prône habituellement la société, qui nous pousse à avancer en ignorant nos blessures, et pour laquelle tout processus de deuil est un signe de faiblesse[32].

Le moyen de trouver notre pouvoir, notre génie, l'Awen, est donc d'embrasser les parties niées et blessées de nous-mêmes que nous rejetions auparavant, de nous confronter à nos blessures – souvent des blessures d'enfance- et de nous confronter à notre propre obscurité, d'apprendre à connaître nos souffrances plutôt que de les traîner derrière nous comme si elles n'existaient pas. Guérir notre rapport à nous-même, c'est aussi guérir notre rapport

---

32   Les religions codifient traditionnellement le déroulement du deuil et sa durée, pas dans une simple optique de conformisme social, mais aussi et surtout pour permettre un processus d'intégration. La société contemporaine, éprise de productivité, nous laisse cependant de moins en moins la possibilité de ce retour sur soi rendu indispensable par le chagrin.

aux autres ; vouloir soigner AfangDu, c'est permettre à Gwyon de trouver la voie de l'illumination. Intégrer notre part d'ombre, c'est aussi nous sentir moins morcelé, donc plus solide pour grandir spirituellement. Mais cela implique de reconnaître sa peine et sa douleur, ce qui peut être difficile, pour les hommes encore plus que pour les femmes, d'ailleurs, car ils sont, plus encore qu'elles, élevés dans la survalorisation du refoulement émotionnel.

Si la noirceur et la laideur peuvent symboliser des parts de nous-mêmes que nous avons du mal à accepter, tout n'est pas forcément plus simple quand il est question de lumière et de beauté : si des sentiments d'insuffisance, d'infériorité, ou encore une mauvaise image de soi, peuvent entraver notre épanouissement et notre relation aux autres, notre crainte des sentiments rayonnants peut tout à fait en faire autant. Ainsi, nous pouvons tellement redouter notre lumière et notre beauté que nous mettons toute notre énergie à les dissimuler, préférant montrer au monde notre côté « noir » s'il semble socialement plus acceptable : c'est ainsi que certains cynismes cachent une profonde générosité par crainte de passer pour un « pigeon », ou que l'on voit des personnes saboter une relation amoureuse bien engagée par peur d'un engagement amoureux sincère peu conforme à l'image sociale qu'ils se croient obligés de donner ou qu'ils ont définie pour eux-mêmes. Notre Moi-dans-l'ombre n'est donc pas nécessairement, ou pas exclusivement notre part d'ombre, et peut procéder aussi bien de Gwyon que d'AfangDu, qui forment en fait un seul être : c'est le sens de l'archétype bien connu du Jumeau Clair et du Jumeau Sombre, ou encore des deux visages de Janus.

Force spirituelle et force vitale

Il est intéressant de noter que les druides, tout autant qu'à l'Awen qui apporte d'inspiration et la sagesse, attachaient de l'importance à la présence dans l'être humain d'une autre énergie, nommée Nwyfre, et qui est en fait la force vital. On retrouve ici la notion centrale d'équilibre entre le spirituel et le matériel, entre Morda et Gwyon qui, durant un an et un jour, doivent avancer du même pas et progresser simultanément.

Nwyfre est un mot gallois, qui signifie à la fois énergie, vigueur, vitalité et firmament, étymologiquement proche et probablement dérivé du mot proto-celtique Naomh, qui se réfère aux cieux.

Il existe une différence claire entre l'énergie inspirante de l'Awen qui nous arrive par vagues, par éclairs successifs de créativité, et celle de la Nwyfre, force vitale qui irrigue nos corps en permanence, leur apportant santé et énergie. L'Awen est l'inspiration : par sa nature même, il va et il vient, même chez le barde, qui a décidé d'encourager l'Awen a se manifester plus souvent dans sa vie. Si la Nwyfre est toujours présente en chacun de nous, car elle est le synonyme de la vie, il est bon d'encourager également son flux à travers notre être, car elle peut varier considérablement en force et en intensité. Au fil du temps et des traditions, cette force a pris différents noms, et a été successivement évoquée comme le Prana par les Hindous, le Chi par les Taoïstes, le Chia par les Hébreux, la Baraka par les Soufis, ou encore le magnétisme animal par les disciples de Mesmer, le Vril par l'auteur Bulwer Lytton, la Force essentielle de vie par les Rosicruciens, la Force tout court par les scénaristes de la saga Star Wars... Elle est aussi l'Esprit évoqué par les traditions occidentales des Mystères.

Nous sommes toutefois, malgré ces mentions nombreuses et de longue date à travers le globe, dans l'incapacité de définir ce qu'est cette force de vie, que ce soit sur le plan ésotérique ou scientifique, puisqu'il semble qu'elle se compose à la fois d'énergies matérielles et immatérielles. On peut juste affirmer que sur le plan matériel, elle est à la fois énergie bioélectrique et biomagnétique, et que sur le plan spirituel, elle affecte notamment la libido –rien de surprenant, d'ailleurs, d'un point de vue symbolique, que la force qui maintient la vie affecte l'instinct qui concourt à la créer !-. Sur un plan plus large, on peut considérer la Nwyfre comme une essence subtile qui irrigue la Nature toute entière, présente aussi bien dans les roches et les cristaux que dans les arbres, les plantes et les animaux, et bien entendu dans l'être humain.

Sans doute est-ce également grâce à la Nwyfre que certains lieux, ou certaines personnes, semblent propices à nous recharger en énergie, un peu comme si leur proximité en facilitait la circulation, autour de nous et en nous. On peut d'ailleurs y voir la raison de la récupération par des traditions successives des mêmes sites sacrés –pas seulement pour faciliter la transition entre deux cultes, comme nous l'avons évoqué, mais aussi à cause des qualités énergétiques intrinsèques du lieu-, ou encore l'explication du pouvoir des guérisseurs ou magnétiseurs, aptes à canaliser cette énergie et à l'utiliser pour soulager divers maux. Certains aliments, en particulier certains végétaux cultivés biologiquement, semblent faciliter le flux de cette énergie en nous.

Il est à retenir, en tous cas, même si le conte de Taliesin évoque, d'un point de vue énergétique, exclusivement l'Awen, que les druides professaient l'existence d'une énergie liée au monde matériel et source de la Vie, aux côtés de cette force spirituelle et inspiratrice.

Grandir : une expérience initiatique

C'est le rôle fondamental joué par AfangDu dans le conte qui permet d'en mesurer la dimension initiatique et en fait plus que l'aventure d'un jeune héros, garçon pauvre qui arrive à surmonter l'adversité et à atteindre une position sociale élevée. Au contraire, ce récit nous conduit sur le chemin vers la plénitude créatrice, l'illumination et la sagesse, au travers de la prise de conscience de notre Moi supérieur, mais aussi de l'acceptation de la part refoulée et mal aimée de nous-mêmes. Le sentiment de connexion qui en résulte est aussi la connexion à la Déesse, cette part féminine et intuitive en nous, si rarement mise en avant dans notre société. La connexion au cerveau droit n'est pas la condition pour apprivoiser notre Moi sage et l'enfant qui souffre en nous, mais c'est quand nous avons réussi à faire l'un et l'autre que nous pouvons pleinement recevoir l'inspiration et grandir spirituellement.

Cette période de reconnexion et cette acceptation de nos blessures intérieures peut s'avérer longue, bien plus que les un an et un jour qui la symbolisent dans l'histoire, mais aussi douloureuse. A notre époque d'adolescence prolongée et survalorisée, elle tend à survenir vers la moitié de la vie –et donc à se confondre avec ce qu'il est convenu d'appeler la crise de la quarantaine, voire d'être le facteur déclencheur de celle-ci- , quand la volonté de réussite professionnelle et matérielle et la recherche de l'argent ou/et du sexe cessent de constituer un barrage suffisant contre les sentiments de vide ou d'angoisse qui remontent périodiquement de notre inconscient. Souvent, c'est aussi la période de la vie où il faut faire le deuil de ses ambitions déçues, et accepter –notamment au travers de celles de nos parents- la vieillesse et la mort, inéluctables. L'existence d'une crise de cette nature est propre à la psyché humaine : même si elle est plus sensible et visible chez certaines personnes que chez d'autres, tous et toutes traversent cette épreuve, et il en était de même par le passé. Essentiellement, c'est le moment de la survenue de cette crise qui a changé, un peu sous l'effet de l'allongement de la durée de la vie, mais aussi et surtout du fait de l'absence de rites de passage à l'âge adulte, qui permettaient jadis de la circonscrire à cet période de transition au sortir de l'adolescence, et donc, dans le meilleur des cas, d'aborder sa vie adulte au clair avec soi-même, avec ses blessures intérieures, et avec le message de notre Moi supérieur.

L'adolescent accède désormais au statut d'adulte progressivement, sans directive, à un moment non déterminé, et les nouveaux droits qui en découlent, pas toujours corrélés, d'ailleurs, de nouveaux devoirs, sont en réalité appropriés petit à petit, sans que le fait d'avoir atteint l'âge adulte en semble la raison première. Nous pouvons néanmoins souligner une exception, au moins partielle, à cette absence de rites de passage à l'âge adulte dans les sociétés occidentales contemporaines : le Judaïsme continue à marquer solennellement l'accès à la majorité religieuse, pour les garçons (Bar Mitzva) comme pour les filles (Bat Mitzva), et situe peu ou prou cette cérémonie au moment de la puberté[33] ; il en découle systématiquement, de plus, de nouveaux droits et devoirs, comme le fait de compter pour le minyan, le quorum de dix personnes nécessaire pour réciter certaines prières, par exemple le Kaddish pour les personnes décédées[34].

Faisons une brève parenthèse pour expliquer la raison de ce chiffre 10, qui s'explique parce que, sur les 12 explorateurs envoyés par Moïse, seuls Josué et Caleb revinrent enthousiastes. Les dix autres, découragés, réussirent à faire vaciller l'intention de tout un peuple de partir à la conquête de la terre de Canaan. Dix personnes décidées et pleines de bonnes intentions peuvent donc, elles aussi, changer le cours des choses. C'est ainsi que dans le Genèse (18,32), 10 personnes intègres permirent à Sodome et Gomorrhe de ne pas être détruites, grâce à l'intercession d'Abraham auprès de Dieu. Le Talmud de Jérusalem, pour sa part, fait le lien entre le nombre de 10 personnes exigées pour le minyan et les 10 frères de Joseph lorsqu'ils se rendirent en Égypte lors de

---

33   12 ans pour les filles, 13 ans pour les garçons.
34   Selon les courants du Judaïsme, plus ou moins traditionalistes ou réformateurs, les femmes comptent, ou non, pour ce quorum.

la famine dans le pays de Canaan. Le Judaïsme attache donc une grande importance à la prière en groupe en tant que facteur pouvant changer les choses, et le Christianisme lui emboîte le pas, la préférant à la prière individuelle, sans, toutefois, que le nombre 10 soit repris : Jésus ne déclare-t-il pas *« Si deux d'entre vous demandent la même chose à mon Père, ils seront exhaussés »* ?

Mais revenons à notre difficile phase de transition, et à son caractère indispensable pour la croissance spirituelle...

Le deuil de l'enfance ne se fait plus, désormais, quand on sort définitivement de celle-ci, mais quelques deux décennies plus tard : ce n'est donc pas seulement l'adolescence sociale qui se trouve indûment prolongée, mais aussi l'adolescence psychologique : comment se penser adulte si la page de l'enfance n'a pas été tournée ? Il faut comprendre que ce deuil ne prenait pas nécessairement, chez les peuples traditionnels, et notamment chez les anciens Celtes, une dimension tragique : il s'agissait aussi et surtout de mettre en avant la valeur des aînés, celle de la lignée, de la continuité génétique et culturelle, l'existence des ancêtres – souvent vus comme des protecteurs bienveillants- et de la vie après la mort, voire d'autres vies, s'il s'avérait que l'âme en avait le désir pour apprendre et se perfectionner, ou une mission à achever. Il s'agissait bel et bien de mort symbolique, mais avant tout de mourir à sa nature infantile[35]. De plus, cette transition se déroulait à la puberté, et non au seuil de l'âge mûr : cette différence fondamentale évitait généralement qu'elle ne donne lieu à des symptômes dépressifs, et permettait d'aborder sa vie d'adulte plus serein, en ayant admis et intériorisé sa part d'ombre comme celle de lumière. Notre société souffre cruellement de l'absence criante de rites de passage...et les individus aussi !

C'est bien ce processus traditionnel de mort initiatique et de renaissance que vit Gwyon, guidé par un vieil homme jusqu'au foyer où il veille aux cendres, enfermé par trois fois dans la quasi-obscurité[36], puis accueilli, quand il revient au jour, par un homme

---

35   Ce symbolisme se retrouve dans beaucoup de sociétés traditionnelles, souvent symbolisé par le fait que les initiés étaient recouverts de cendres, pour les faire ressembler à des morts, de l'Australie au Proche Orient ou à l'Amérique du Sud. Ré émergeant ensuite de l'obscurité où ils avaient dû demeurer pendant plusieurs heures ou jours, ils recevaient un nouveau nom. La mort initiatique n'est qu'un prélude à une nouvelle naissance.

36   Dans la cabane, puis dans la matrice de Ceridwen, et enfin dans le berceau de

qui lui souhaite le bienvenue et par l'attribution de son nouveau nom – Taliesin.

Ce thème du jeune qui veille aux cendres –travail bien peu passionnant, qui a souvent des allures de punition- est maintes fois repris, au fil du temps, par les contes de fées du Moyen Age et de la Renaissance, de Cendrillon au Norvégien Askaladden. Et immanquablement, dans chacun de ces récits, ils en sortent grandis, transformés et récompensés, car leur travail est alchimique : ils font en fait jaillir la Pierre Philosophale, l'Elixir de Vie, les trois gouttes de l'Awen... Mais l'histoire nous apprend aussi à chaque fois que ce travail près du feu s'accomplit par l'entremise de notre part blessée : c'est l'infortune d'AfangDu qui rend possible et nécessaire la présence de Gwyon.

L'évitement de la souffrance semble tellement instinctif qu'il peut sembler surprenant que le mythe suggère que la voie vers la sagesse et l'illumination passe par une plus grande prise de conscience de nos blessures et de nos faiblesses. Mais la quasi-totalité des cérémonies initiatiques, indépendamment du temps et du lieu, attachent une immense importance à ces blessures, réelles ou symboliques, faisant de la blessure sacrée un présupposé universel pour l'accès à la maturité et au développement spirituel. Parmi les blessures mythologiques, on peut ainsi mentionner, pêle-mêle, la côte d'Adam, l'œil d'Odin, le talon d'Achille, le foie de Prométhée, la décapitation d'Orphée, la torture d'Inanna, la tête fendue de Zeus, le démembrement de Penthée, le viol de Perséphone, les furoncles de Job, l'épaule brûlée d'Eros, les lèvres écorchées d'Isaïe, la cuisse –ou les parties génitales, selon les versions, du Roi Pêcheur, l'aveuglement d'Orphée, la crucifixion de Jésus... La liste est sans fin, et cela souligne l'importance symbolique de cette blessure sacrée, par-delà sa nature spécifique. De plus, la blessure survient systématiquement quand le sacré va faire son entrée dans le temps, et c'est par elle que le héros devient un mythe. Le potentiel de guérison qui est en chacun de nous passe donc par la connaissance et la reconnaissance de nos blessures les plus profondes, et nul ne saurait grandir et devenir pleinement adulte sans se confronter aux dures réalités de la vie.

Peut-être n'est-ce qu'au travers de nos blessures, et grâce à

---

jonc

elles, que nous pouvons repousser nos propres barrières, ouvrir notre psychisme et faire émerger de nouveaux questionnements ? Peut-être la blessure originelle est-elle le commencement de toute chose ? Après tout, la vie humaine débute avec la blessure de l'ovule par le spermatozoïde, alors pourquoi l'évolution de l'âme ne commencerait-elle pas avec la reconnaissance de la blessure psychique, quand on meurt à une histoire pour renaître à une plus vaste ? Le mythe de Taliesin est bel et bien l'histoire d'une renaissance, celle de Gwyon blessé lors de sa poursuite par Ceridwen...

Autant et plus que le fait d'être blessé, c'est la reconnaissance de la blessure qui permet le déclenchement du processus de transformation. Mais la réalisation pleine et entière de l'initiation, jusqu'à la renaissance finale, nécessite bien entendu qu'une autre étape vienne lui succéder, faute de quoi cette expérience, bien d'être cathartique, pourrait nous garder bloqués dans une souffrance impossible à surmonter. L'initié est un être blessé, mais un être résilient, qui a su transformer sa douleur en autre chose, en faire une force. Et la clé de la résilience, celle de la guérison, n'est-ce pas toujours l'Amour ?

Le mythe de Taliesin est en effet fondamentalement une histoire d'amour : celle du Dieu et de la Déesse, d'où résulte la création de l'Univers. Comme notre propre quête spirituelle, le conte commence avec un amour profond : celui de Ceridwen pour son fils, qui la conduit à chercher la formule de l'Awen comme une compensation à ses maux. Symboliquement, le chaudron est le creuset où cet amour est né : le ventre. Suivant ses désirs jusqu'à la racine, Ceridwen redonne donc une centralité au lieu d'où son amour a jailli et a pu s'exprimer. Qu'est-ce que cela signifie dans nos vies et sur notre propre chemin spirituel ? Tout simplement que, quels que soient nos désirs apparents –argent, pouvoir, honneurs, célébrité, sagesse, etc...- notre but ultime, que nous sachions nous l'avouer ou non, est l'Amour, tout simplement, *ce bonheur indicible de nous ouvrir à plus que ce que nous sommes, de sentir son cœur battre non seulement pour quelqu'un d'autre, mais en quelqu'un d'autre, et éprouver l'émerveillement et l'intensité de voir en lui la meilleure part de nous-même...*

L'histoire suit le cours de l'Amour, sans qu'il y entre, pourtant, de romantisme naïf : loin de ne souligner que la beauté et la passion dans l'amour, le conte souligne aussi la face sombre et cachée de ce sentiment, de la déception de Ceridwen lors de la naissance d'AfangDu, pour qui son amour, absolu, n'en est pas moins douloureux et amer, à sa colère et sa haine contre Gwyon. Pourtant, elle montrera ensuite la profondeur protectrice de son amour pour ce dernier, qu'elle a voulu détruire. Elle apprend, en même temps, la plus grande et la plus dure leçon de l'amour, celle du lâcher-prise, quand elle doit le confier aux eaux et le laisser aller pour qu'il poursuive sa destinée... C'est le destin douloureux de tout amour maternel et aussi, bien souvent, de l'amour au sein du couple quand la passion y tient plus de part que la tendresse. Pourtant, dans son renoncement même, l'Amour de Ceridwen, avec lequel a débuté l'histoire, triomphe, car elle atteint la sagesse en lui offrant une destinée plus grande ; Ceridwen ne se sacrifie pas : elle s'accomplit.

Si on lit ce conte non plus dans une perspective humaine, mais dans une perspective cosmique, on peut voir en Ceridwen une Déesse de la Terre, dotée à la fois de pouvoirs de création et de destruction. Tout comme la Terre, elle peut ainsi se faire nourricière et protectrice, mais elle peut aussi détruire. La connaissance contenue dans son chaudron est ainsi à la fois lumineuse et sinistre ; elle peut enfanter, nourrir et choyer son enfant, comme elle peut le poursuivre et l'avaler, ainsi que la Terre, dont elle est ici la déesse archétypale, avale les morts dont les corps lui sont rendus... Mais Gwyon renaît après avoir été avalé par Ceridwen, et chaque atome qui revient à la Terre contribue à fertiliser celle-ci... C'est ce cycle des éternels retours –pas celui de l'âme, ici, mais de la matière- qu'exprime Pierre de Ronsard, poète emblématique du XVIème siècle, dans les derniers vers de son élégie *Contre les bûcherons de la Forêt de Gâtines* qui sont, à mes yeux, certainement les plus beaux de la langue française :

> *« Que l'homme est malheureux qui au monde se fie !*
> *Ô Dieux, que véritable est la philosophie*
> *Qui dit que toute chose à la fin périra*
> *Et qu'en changeant de forme une autre vêtira !*
> *De Tempée la vallée un jour sera montagne*
> *Et la cime d'Athos une vaste campagne ;*
> *Neptune quelque fois de blé sera couvert.*
> *La matière demeure, seule la forme se perd. »*

C'est parce que Ceridwen, déesse archétypale de la Terre,

accueille les morts en son sein, que les dolmens, sépulcres celtes parmi les plus emblématiques, portent, au Pays de Galles, le nom de « Cours de Ceridwen ». Cela implique de la part des Celtes et de leurs Druides, une compréhension particulièrement sophistiquée de la Déesse et du Principe Féminin, puisqu'ils en intègrent à la fois les dimensions créatrices et destructrices. Cette Déesse est donc bien une Mère protectrice et aimante, mais elle est en même temps, par d'autres aspects, sombre et terrible, mystérieuse et sévère. De ce point de vue, chaque être humain est donc très concrètement Ceridwen, puisque le fonctionnement de notre métabolisme lui-même s'appuie, pour fonctionner, sur l'alternance de processus de construction –l'anabolisme, qui fabrique des cellules neuves- et de destruction – le catabolisme, qui détruit les cellules usées et les rejette hors du corps- ; ces deux activités sont donc également indispensables à la Vie, et la Déesse, personnification de la Vie, peut montrer sa face destructrice sans cesser d'être créatrice et nourricière.

Quand Gwyon recueille les trois gouttes de l'Awen sur son doigt, le chaudron éclate, et la connaissance sinistre, celle qui confère le pouvoir de détruire plutôt que de créer, se répand à travers la Terre. Libérée et incontrôlée, elle cesse d'être un facteur d'équilibre, aussi elle brûle l'herbe, pollue les eaux du Lac Bala, et tue les chevaux de Garanhir[37] : la connaissance noire, contraire et équilibre de la connaissance lumineuse acquise par Gwyon, en a toute la puissance.

Pourtant, le mythe de Taliesin souligne aussi comment ces deux pouvoirs peuvent travailler de concert : après avoir goûté la potion, Gwyon se fait symbole de la Connaissance Lumineuse, tandis que Ceridwen, personnification de la Connaissance sinistre, devient déesse catabolique. Se pourchassant à travers toute la Terre, ils soulignent comment doivent s'équilibrer en nous l'illumination et la passion, l'inspiration et la colère, la lumière et l'obscurité... et comment elles doivent impérativement travailler ensemble pour nous permettre d'avancer sur la voie de la transformation et de la renaissance. Nos sentiments, actions, impressions..., positifs ou négatifs, sont ainsi autant d'occasions d'apprentissage et de progrès, avant d'entamer une nouvelle vie – au travers d'une phase de transition, comme une initiation, ou du

---

37   Les fans du Seigneur des Anneaux savent déjà à quel point Tolkien a puisé son inspiration dans la mythologie des Celtes

processus karmique de réincarnation-.

L'expérience mystique : goûter l'Awen

Après un an et un jour dans le chaudron, comme nous l'avons vu, le brouet déborde subitement et Gwyon, consommant les trois gouttes de l'Awen, voit sa vie changer à jamais. Superficiellement, d'un point de vue extérieur, on pourrait dire que c'est alors que commence son aventure ; pourtant, c'est bel et bien toute la phase de maturation précédente que l'a mis en situation de la vivre et de progresser grâce à celle-ci.

Dans un premier temps, ces trois gouttes sont bien loin de le conduire à la joie, voire à l'euphorie, que l'on pourrait associer à l'illumination qu'il vient d'atteindre. Il se retrouve au contraire plongé au sein d'une situation cauchemardesque où il doit prendre la fuite, tant il craint pour sa vie. C'est l'une des ironies auxquelles est confronté celui qui poursuit un chemin spirituel, cherchant souvent paix, clarté et sérénité : lorsqu'il atteint enfin l'illumination et se trouve ainsi récompensé, sa vie, loin de devenir plus facile, commence par lui présenter de plus grands défis. Les perceptions spirituelles, souvent liées à des modifications d'état de conscience, provoquent ainsi des crises qui, si elles nous sont d'indispensables apprentissages, n'en font pas moins vaciller les structures sur lesquelles nous avons bâti notre quotidien, qu'il s'agisse de notre carrière, de nos amitiés, ou encore de notre vie familiale, qui peuvent soudain nous sembler ne plus être appropriées, ou nous limiter. La plus grande part de notre âme qui fait irruption dans nos vies exige, en fait, plus d'authenticité, et cela peut conduire à briser des schémas dont nous ne percevions pas, auparavant, le dimension superficielle.

Dépasser ses limitations à la manière dont on briserait d'anciennes chaînes, devenues trop pesantes, permet de faire naître quelque chose de neuf, et nous ne pouvons, littéralement, pas faire autrement. Nous sommes comme le prisonnier du *Mythe de la Caverne*, de Platon qui, libéré et ayant vu que ce qu'il prenait auparavant pour la réalité n'était en fait qu'ombres et illusions, ne peut se résoudre à revenir à son monde étriqué, même si ce monde est composé de tout ce qu'il connaît et de tous ceux qu'il aime. L'âme aspire toujours à l'authenticité, à la Vérité : rechercher un supplément d'âme, c'est donc prendre le risque de perdre tout ce qui, dans nos vies, contient la moindre part de faux-semblant... et c'est d'autant plus difficile que c'est parfois l'amère occasion de constater que, quand le bon grain se trouve ainsi séparé de l'ivraie, le tri n'est pas toujours conforme à ce que l'on aurait présupposé. Nous sommes faillibles, sensibles aux apparences, mais notre âme, elle, sait. C'est pourquoi l'illumination, avant d'être chaleur et lumière, est avant tout transformations, en nous et dans nos vies.

Dans une large mesure, on peut donc comparer les effets extérieurs d'une démarche spirituelle à ceux d'une psychothérapie -cette dernière pouvant par exemple provoquer une séparation quand le patient se libère de relations destructrices ou restrictives-. On peut parfois passer de longues années à s'efforcer de mener une vie spirituelle et à accueillir une meilleure conscience de nous-mêmes, et soudain, le brouet est cuit, et *cela* se produit : une expérience de clarté étonnante, de perception élargie, d'union mystique avec quelque chose de plus vaste que nous-mêmes. Même fugace, une telle perception change profondément celui qui l'a vécu, et sa vision de lui-même, de la vie, de ses relations aux autres et à la planète, de ses priorités, enfin, ne peut plus jamais redevenir exactement ce qu'elle était par le passé. Mais une expérience mystique peut aussi parfois survenir sans préparation apparente : bien qu'elle soit presque toujours le fruit d'un processus de maturation, celui-ci peut aussi bien s'être déroulé au niveau inconscient. C'est visiblement le cas pour Gwyon, qui n'était nullement préparé à ce que la fatalité, via le débordement du chaudron, fait advenir.

Que l'on atteigne un nouveau niveau de conscience et une expérience mystique de manière fortuite ou après de longs efforts, il s'agit forcément du résultat d'une période de développement intérieur, symbolisée, dans le conte, par la durée d'un an et un jour, chère aux druides, durant laquelle Gwyon veille sur le chaudron. Quand cette maturation est inconsciente, c'est que l'âme se nourrit des expériences de la vie quotidienne – un double chemin illustré par le débat janséniste sur la Foi et les Oeuvres ? -. Mais quelle que soit la voie empruntée pour atteindre l'illumination, le résultat est le même : un instant de perception élargie, de conscience aiguë de la Vérité et de la Beauté, comme si toutes les portes et les fenêtres de l'âme s'ouvraient momentanément à toute volée. Et le sentiment qui demeure, ensuite, est immanquablement que la vie a beaucoup plus à offrir que nous ne l'avions imaginé, non pas dans une optique consumériste, mais qualitativement, et d'un point de vue spirituel.

D'où vient, d'ailleurs, le fait que l'on associe ainsi à la lumière l'obtention de la sagesse et de l'inspiration divine ? On peut supposer que cette idée est d'origine biblique, car les premiers mots prononcés par Dieu, dans la Genèse, lors de la création du monde, sont *« Que la Lumière soit »*. Or, à ce moment où il fait advenir la Lumière, il n'a encore créé ni la soleil, ni la lune, ni les étoiles du ciel ; il s'agit donc beaucoup moins de « lumière » en tant qu'élément de perception du sceptre visuel -encore que beaucoup de commentateurs de la Bible s'entendent à lui reconnaître une nature assez proche- que de la Lumière divine, celle dans laquelle Il va puiser l'inspiration pour poursuivre son œuvre... La parole de Dieu est créatrice ; il est donc entouré de cette Lumière qu'il a créé, et suivre un chemin spirituel implique d'atteindre tôt ou tard cette lumière, porteuse de sagesse et de créativité, en cherchant à se rapprocher du Principe Divin. Ne dit-on pas, d'ailleurs, des personnes que l'atteinte d'une vraie sagesse a rendu sereines qu'elles sont comme « illuminées de l'intérieur » ? Ne voit-on pas ces mystiques comme beaux, indépendamment de leurs traits ? C'est la Lumière Divine qui transporte et transforme ; c'est l'Illumination...

Beaucoup de personnes pensent, à tort, que l'illumination pleine et entière une fois atteinte, elle est un état permanent, qui ne nous quittera plus, aussi son aspect momentané -même s'il est toujours possible de retrouver volontairement cet état une fois qu'on l'a expérimenté-, joint aux nouveaux obstacles qui surgissent dans le quotidien, peut-il être très difficile à accepter, et plus encore à dépasser. Pour cela, il faut admettre que la spiritualité n'est en rien comparable à un chemin de montagne escarpé que l'on franchirait pour atteindre le sommet et en faire notre demeure permanente : il s'agit davantage d'apprendre à élever nos pensées, nos émotions et nos énergies, et d'admettre que cette démarche est bénéfique, pour nous comme pour ceux qui nous entourent, même si elle ne nous conduit à expérimenter que transitoirement un état d'expansion de conscience. Rappelons en effet, que, dans la pensée druidique, le monde, chaque jour renouvelé, ne peut survivre que spirituellement : en élevant nos pensées et nos émotions, nous contribuons donc à élever ce qui nous entoure tout autant que nous-mêmes. Nous pouvons donc, une fois de plus, relier le projet maçonnique de « s'améliorer soi-même pour améliorer la société » à une survivance ou à une résurgence du message mystique des anciens Celtes. La maçonnerie tend d'ailleurs vraiment à revenir aux origines même de la spiritualité, tant par ces emprunts à la pensée des druides que par son symbolisme qui provient très largement de l'Ancien Testament, là où Judaïsme et Christianisme puisent leurs racines communes.

L'illumination est un processus, et non un état ; c'est un voyage à accomplir beaucoup plus qu'une destination à atteindre. C'est pourquoi les trois gouttes de l'Awen, consommées par Gwyon, marquent le début de son cheminement beaucoup plus que sa conclusion. C'est cet aspect du mysticisme qui rend humbles les personnes réellement engagées dans un cheminement spirituel : elles sont sur un chemin ascendant, mais atteindre définitivement le but est impossible, et chaque progrès ne fait qu'ouvrir une perspective plus large vers une nouvelle portion de route encore à parcourir.

De ce point de vue, qui prétendrait avoir atteint la sagesse en manquerait cruellement. Pourtant, avoir expérimenté, ne serait-ce qu'un bref moment, cet état de conscience élargi, induit en nous et dans nos vies des changements profonds : c'est ce que traduit le changement de nom de Gwyon qui, transformé par son expérience, ne peut plus être limité à l'ancien, et devient donc Taliesin.

Notons que Gwyon ne reçoit son nouveau nom qu'à l'issue de la troisième incubation, quand le processus alchimique de transformation intérieure a pleinement fait son œuvre. A l'instant où il reçoit l'illumination, ce qui prédomine est la peur de la Déesse, lancée à sa poursuite, qui en veut à sa vie, ce qui est une façon de nous rappeler que l'ancien doit périr pour que le nouveau puisse voir le jour. La fuite de Gwyon exprime ainsi notre résistance au processus de transformation, appréhendé comme douloureux et effrayant, même si lui seul permet la suite.

Toute mort, fût-elle symbolique, est génératrice d'angoisses, et c'est pourquoi nous tendons à nous accrocher et à lutter pour faire vivre encore une relation, un mariage, un partenariat d'affaires, alors même que nous sentons inéluctablement que sa fin en proche. Le connu, l'habituel, même insatisfaisant, tend à être ressenti comme rassurant, alors que toute perte imminente ravive les angoisses d'abandon propres à la nature humaine, dont la première survient sans doute quand l'enfant se découvre différent de sa mère, et vit donc chacune de ses absences comme une souffrance qu'il est trop jeune pour exprimer[38]. La mort, y compris celle d'une situation, le changement, a donc souvent un caractère terrifiant, à un niveau très instinctif, même quand nous percevons que tout évolue dans le bon sens et que tout ira bien à la fin. L'apprentissage du lâcher-prise, qui permet d'accueillir le changement qui advient au lieu d'en faire un motif de crainte et de freiner son arrivée, est sans doute l'un des plus difficiles auxquels doive faire face l'être humain. La spiritualité peut permettre de faire la part des choses en de tels moments, nous enseignant notre droit à tenir passionnément à la vie, à nos valeurs et à nos idéaux, mais aussi à dénouer progressivement le lien qui nous relie à eux lors qu'il se fait entrave au lieu de nous aider dans notre quotidien et dans notre évolution.

La complexité symbolique du mythe de Taliesin vient du fait qu'il est, à lui seul, l'arbre de la tradition, et que l'on peut suivre à notre choix n'importe laquelle de ses branches pour y découvrir de nouvelles ramifications, de nouveaux symboles, de nouveaux chemins de progression. Nous pourrions ainsi être curieux d'en apprendre davantage sur les Pherryllt, l'épouse de Morda, ou encore les parents de Gwyon, et tout barde inspiré pourrait développer sur ces sujets et nous communiquer ainsi de nouveaux enseignements. L'histoire centrale est une sorte de catalyseur pour notre imagination, destinée à prendre divers chemins de traverses et directions en fonction de l'auditoire, du message à transmettre et du moment. Chacun de nous peut d'ailleurs contribuer à faire pousser de nouvelles branches à cet arbre de la Tradition en l'enrichissant de ses propres récits : si les druides ne couchaient jamais par écrit aucune donnée de nature spirituelle, c'était bien pour ne pas la figer et permettre cet enrichissement permanent !

Le conte de Taliesin est aussi un véritable récit initiatique, car les transformations que subit le jeune Gwyon nous enseigne que nous pouvons mieux aborder, au lieu de les appréhender, celles qui surviennent dans nos vies ; dans ce sens, il véhicule une pensée magique, car il nous apprend qu'il nous est possible d'être acteur de notre quotidien plutôt que de le subir -même s'il est parfois

---

38   Il est généralement admis que ce sentiment de différenciation avec la mère se produit vers 9 mois

indispensable de se laisser un moment porter par le courant, comme il le fait dans son berceau d'osier. Ce récit est sans aucun doute l'un de ceux qui a conduit Robert Bly a écrire que *« Les images que véhiculent les histoires anciennes sont censées s'infiltrer lentement dans le corps. Elles continuent à se dérouler, une fois absorbées »*.

Les transformations de Gwyon et Ceridwen et la valeur symbolique des animaux dans la spiritualité celte

Dans le conte de Taliesin, tel qu'il est traditionnellement raconté, Gwyon se métamorphose successivement en lièvre, en poisson, puis en oiseau, avant d'être avalé, sous la forme d'un grain de blé -même si quelques versions tardives, le plus souvent médiévales, font état de transformations plus nombreuses et plus variées-. Notons, en tous cas, la fréquence des métamorphoses dans la mythologie celtique, que ce soit en Bretagne, en Ecosse, au Pays de Galles ou encore en Irlande ; ce sont, la plupart du temps (mais pas exclusivement), des métamorphoses animales, et nous pouvons attribuer un sens symbolique précis à chacune d'elles, car les traditions druidiques concernant les animaux se sont presque aussi bien transmises, à travers le temps, que celles relatives aux arbres et aux qualités intrinsèques qu'ils incarnent.

Au début de sa fuite, Gwyon se transforme ainsi en lièvre, animal associé à la Déesse, à la lune, à la blancheur, mais aussi à l'épreuve -et c'est bien une dure épreuve, générée par la Déesse, qu'aborde alors Gwyon. Sa transformation se produit donc bel et bien sous le signe de la Déesse, l'initiatrice, puisqu'elle débute avec l'animal qui la représente. Notons que si le lièvre est fréquemment consommé dans une grande partie de la France et de l'Europe continentale, il n'en va pas de même sur les terres ayant conservé un lien étroit avec leurs racines celtes : en Irlande, même de nos jours, manger du lièvre est totalement impensable, car on y dit que c'est comme « manger sa grand-mère », c'est-à-dire la Déesse, à l'origine de toute vie. De même, en Grande-Bretagne, la quasi-totalité de la population répugne à la consommation de cet animal, même si la plupart voient dans cet interdit tacite une simple tradition, dont ils ne connaissent pas nécessairement l'explication ou l'origine. Nous reviendrons, au fil de cet ouvrage, sur l'importance des interdits alimentaires dans les religions de la Terre, ou dans celles qui l'étaient à l'origine.

Animal consacré à la Déesse, le lièvre était réputé comme porteur de chance, de guérison et de fertilité -autant d'attributions traditionnelles de Ceridwen-. Au premier siècle de notre ère, le druide qui conseillait Boadicée[39], reine des Iceni, dont le territoire se situait dans l'actuelle région du Norfolk, la conduisit à utiliser un lièvre pour prédire l'issue de sa première bataille contre les Romains. Dion Cassius relate l'événement en ces termes : *« Quand elle eut terminé de parler à son peuple, elle eut recours à un genre de divination en laissant échapper des replis de sa robe un lièvre, et puisqu'il se dirigea du côté considéré comme de bonne augure, toute la multitude poussa un cri de joie, et Boudicca, levant la main vers le ciel, déclara « Je te remercie, Andraste[40], et je t'implore et te prie pour que tu nous accordes la victoire » »*.

Porte-bonheur et sacrés aux yeux de la Déesse, les lièvres ou des statues les représentants, se rencontrent fréquemment, en Grande-Bretagne, dans les fosses rituelles : un animal conférant, au nom de la Déesse, renaissance et immortalité n'est-il pas le compagnon idéal dans la tombe ? Ce même pouvoir, qui est réincarnation et résurrection tout à la fois, est également incarné dans l'Esprit du Blé, symbole par excellence de la magie en œuvre dans les cultures essentielles à la Vie, qui meurent à l'automne pour renaître au printemps à l'issue d'un processus de maturation dans la Terre, c'est-à-dire d'une transformation alchimique dans la matrice même de la Déesse. On peut d'ailleurs voir l'influence druidique sur le Christianisme à l'époque de l'Équinoxe de Printemps, notamment : le Lapin de Pâques, à l'heure de la renaissance de la Nature, est d'autant plus un souvenir de la Déesse que le mot qui, en anglais, désigne Pâques (Easter), dérive lui-même du nom d'une déesse saxonne, Eostre, dont le lièvre est l'animal consacré. Et les correspondances ne s'arrêtent pas là : les lièvres dorment dehors, dans des gîtes qui ressemblent fortement à des nids de vanneaux et, au printemps, lorsque ces derniers sont pleins d'œufs, c'est comme si les lièvres les avait fait apparaître par magie -comme si l'avatar de la Déesse faisait don de ce symbole de la Vie renaissante...

L'Oeuf de Pâques est donc une démonstration de plus, s'il en fallait, de l'influence que les croyances druidiques ont su avoir sur les traditions les mieux ancrées et les plus populaires du

---

39   Aussi connue sous le nom de Boudicca
40   Déesse de la bataille et des victoires

Christianisme, la conservation des symboles, et en particulier des symboles liés à la renaissance cyclique de la Nature, ayant facilité la transition vers une religion qui semblait moins soucieuse des rythmes saisonniers[41]. Lier la Résurrection du Christ aux symboles de la renaissance cyclique de la Terre est sans aucun doute un héritage des druides qui intégrèrent les premiers monastères pour que leur sagesse ne soit pas perdue... Nous leur devons une pensée en achetant nos chocolats de Pâques, et c'est peut-être une bonne occasion pour expliquer à nos enfants la multiplicité et la complexité historique des symboles qui servent de support à leur adorable gourmandise...

Si le lièvre est un symbole printanier pour les druides, il réapparaît au point opposé de l'année, c'est-à-dire à l'Equinoxe d'Automne, quand cette saison est à son apogée. Le lien entre ces deux périodes n'est en rien étrange : ce sont les promesses du printemps qui se concrétisent alors qu'on rentre les récoltes, fruits de la Terre généreuse qui, comme une mère nourricière –l'une des fonctions symboliques de la Déesse-, veille à ce que ses enfants aient de quoi passer l'hiver. Dans certaines régions de Grande-Bretagne, le dernier carré de blé moissonné était appelé « le lièvre », et sa coupe, rituelle, était désignée par « tuer le lièvre » ou « couper le lièvre » ; le candidat à l'initiation qui, effrayé, prenait la fuite, est alors devenu le Dieu qui, aux côtés de Ceridwen, et enseigne à l'humanité le mystère de l'éternel retour, celui de la renaissance et de la transformation. Gwyon est devenu Taliesin ; la jeune pousse est devenue épi de blé.

Tout cela apporte bien évidemment un autre éclairage sur la rencontre de Ceridwen avec Gwyon au début du conte : c'est en fait la Déesse qui rencontre son Bien-Aimé dans la forêt, sous les traits d'un jeune garçon qui a oublié son nom et sa nature divine. Si son séjour d'un an et un jour près du chaudron, épreuve de maturation, lui a permis d'en apprendre davantage sur lui-même, la poursuite lui révèle sa nature véritable de Dieu, consort de la Déesse, son complément indispensable, puisque il est désigné par le lièvre comme Dieu du Blé face à la Déesse des Moissons –au bout du

---

41   Le Christianisme est en effet, historiquement, la première des religions dont le calendrier liturgique est sans lien avec les rythmes agricoles et saisonniers ; comme nous le verrons plus loin, le Judaïsme, si il a su enrichir ses fêtes d'un symbolisme historique, n'a jamais oublié qu'elles étaient historiquement liées à la Terre et à ses fruits.

compte, avatar du Dieu Solaire que s'unit à la Déesse Lunaire.

Concernant l'année durant laquelle Gwyon veille sur le chaudron, nous pouvons ici souligner que l'attente qui permet de mieux se connaître est toujours l'épreuve de la Terre. C'est ainsi le cas dans l'initiation maçonnique, où le postulant vit une période d'attente et rédige son testament philosophique dans le Cabinet de Réflexion, avant de passer par les épreuves symbolisant les trois autres éléments. L'acronyme V.I.T.R.I.O.L., déjà cité, souligne d'ailleurs, s'il en était besoin, le caractère « terrien » de ce moment qui, vécu dans la solitude, peut sembler extérieur à la cérémonie, mais en est en fait partie intégrante, comme le nouveau maçon le réalise plus tard. De même, Gwyon ne connaît pas la valeur initiatique des moments qu'il vit près du chaudron de la Déesse, mais Taliesin, remettant les événements en perspective, en sera pleinement conscient.

Il n'est ainsi pas anodin que, quand Gwyon devient lièvre, Ceridwen se transforme en levrette noire : le chien est en effet, dans la tradition druidique, le Gardien des Mystères, celui qui guide les humains vers l'Autre Monde[42]. Le Déesse en colère pourchasse Gwyon mais, en même temps, elle le met sur le chemin de sa destinée spirituelle...

La Femme, ultime initiatrice

Ceridwen, transformée en levrette, est donc tout naturellement celle qui conduit Gwyon vers sa seconde transformation, étape suivante du processus initiatique qu'il est en train de vivre. Elle est l'Initiatrice, à l'origine de tout le processus, celle qui a concocté l'Awen, engagé Gwyon, qui le poursuit, qui l'avalera, le mettra au monde, le nourrira de son lait, puis renoncera à lui pour qu'il poursuive sa destinée. Chaque transformation de Gwyon est une réponse à une action de la Déesse. Tout ceci permet d'avancer l'hypothèse que les femmes druides, dans les temps anciens, étaient plus spécifiquement en charge des initiations, ou du moins y jouaient un rôle central, ce qui est somme toute très logique dans une tradition où la Déesse est à l'origine de tout, même du Dieu. Traduisant cette idée, au Pays de

---

42   Les statuettes de chien sont fréquentes dans les tombes celtes, car il est réputé guider le défunt dans l'Au-Delà comme un chien d'aveugle guide son maître sur un chemin familier. Il n'est même pas rare qu'un chien soit enterré avec son maître, tel un protecteur.

Galles, certains tombeaux-sanctuaires à chambres sont connus sous le nom de Ventre de Ceridwen. Chaque enfant, sortant du ventre de sa mère, ne reçoit-il pas d'elle, en même temps qu'un amour inconditionnel, les premiers apprentissages et, dans cette mesure, une femme n'est-elle pas la première initiatrice pour chacun d'entre nous, indépendamment de toute considération culturelle ?

Cette dimension centrale du rôle des femmes dans la transmission est par exemple très bien traduite dans le Judaïsme, où la transmission religieuse, comme nous l'avons vu, se fait essentiellement par la mère depuis de nombreux siècles. Et il s'agit de bien plus que la simple notion de transmission par le sang, puisqu'il est généralement admis qu'une femme juive qui adopte des enfants en fait des Juifs, puisqu'elle leur transmet les valeurs qui sont les siennes. On peut, certes, y voir un écho de la répartition traditionnelle des fonctions sociales, qui attribue à la femme une large part des premiers soins aux enfants, mais on peut aussi y voir plus que cela : la Femme, dispensée d'une partie des prières, car par nature plus proche de Dieu, et Le remerciant pour cette raison chaque matin de l'avoir fait « *femme, et non homme* », n'est-elle pas la plus à même de transmettre le lien avec le Divin tout simplement parce qu'elle en est plus proche ? Si l'éducation est la première forme d'initiation que rencontre chacun d'entre nous, cette hypothèse est fort probablement à prendre en considération, et c'est d'autant plus intéressant qu'elle est illustrée par une religion que l'on a tendance à considérer comme plutôt patriarcale. Le père, dans la même logique, serait alors celui qui transmet la culture et introduit l'enfant dans la communauté et dans la vie sociale, comme le fait Elfin pour Taliesin : les deux rôles sont indispensables à la construction de l'identité, mais la femme, en tant que mère, est bien la première initiatrice, puisqu'il lui suffit d'être, d'incarner les valeurs qu'elle porte, pour les transmettre.

Dans la tradition celtique, donc, les chiens sont les guides vers l'Autre Monde, mais les portes vers cet au-delà transitent par l'eau, qu'il s'agisse de lacs, d'étangs, de rivières ou de mers. C'est la raison pour laquelle les druides révèrent tout particulièrement les points d'eau, pour laquelle les puits sont sacrés, et que chaque rivière possède sa divinité tutélaire. Le chien est donc souvent lié à l'eau dans les contes des anciens Celtes, qui le mettent fréquemment en scène plongeant dans la mer ou dans un lac, et pénétrant ainsi symboliquement dans l'Autre Monde, dans l'Inconscient, dans une dimension des rêves et de l'entre-deux-vies où tout se renouvelle, se guérit et se transforme... Une religion de la Terre, née de l'observation des cycles naturels, ne saurait en effet concevoir la vie et la mort que comme les phases d'un cycle, et cette dernière est l'inévitable prélude à une renaissance. Encore un aspect du Christianisme qui fut source d'étonnement pour les druides, qui trouvaient inimaginable une conception de la spiritualité où il fallait fatalement tout réussir du premier coût puisqu'avec une unique vie, pas de place pour l'essai ou l'apprentissage ! Et L'Amour Divin, synonyme d'indulgence et d'accès à la Vie Eternelle, leur semblait lui-même une bien piètre consolation, car la possibilité de se voir pardonner nos erreurs ne valait pas, et de loin, à leurs yeux, l'opportunité de se perfectionner. Les druides eurent-ils une influence sur la doctrine secrète des Gnostiques, toujours discrets mais toujours présents dans le monde chrétien, qui n'écartaient pas l'idée de la réincarnation, voyant par exemple dans Saint Jean Baptiste le Prophète Elie, revenu pour annoncer le Christ ?

Dans le mythe de Taliesin, c'est bien un chien –en l'occurrence Ceridwen, sous la forme d'une levrette- qui ouvre la porte de l'Autre Monde, poursuivant le lièvre pour lui permettre de mener à bien sa quête des Mystères dont elle est la gardienne. Pénétrant dans l'eau, Gwyon incarne soudain l'animal qui est l'aspiration profonde de tous les druides : le saumon de la sagesse. Soulignons d'ailleurs que cette première mention du saumon dans l'histoire n'est pas la seule : si Gwyon a ainsi atteint un certain degré de sagesse, qui lui vaut de pouvoir pénétrer les Mystères, et donc d'incarner cet animal, il se substituera à lui à la fin de sa quête, la sagesse et l'illumination pleinement atteintes, quand Elfin le trouvera dans le déversoir en lieu et place des poissons attendus. Il sera alors effectivement un saumon, c'est-à-dire une parfaite incarnation de la sagesse traditionnelle des druides, après avoir traversé pour cela bien des transformations et bien des renaissances.

Quand Gwyon se fait saumon, durant la poursuite, Ceridwen devient une loutre, c'est-à-dire l'une des créatures les plus joueuses du monde[43], et cela nous en dit long sur le chemin vers la sagesse tel que le conçoivent les Celtes. La spiritualité peut être, au premier abord, ressentie comme une quête fort grave, puisqu'elle nous

---

43   Dans la nature, il n'est pas rare que les loutres construisent des toboggans pour s'amuser avec leurs congénères, par exemple.

conduit immanquablement à nous interroger sur des choses aussi essentielles que notre mortalité ou le sens de la vie. La loutre exprime le fait que sans une dimension d'humour et de joie de vivre, la quête deviendra stérile, et nous n'atteindrons jamais la profondeur des eaux, la clef des Mystères que nous recherchons. Ce n'est d'ailleurs pas par hasard si les Mystiques, toutes traditions confondues, sont immanquablement des personnes qui, à côté de leur sérénité et de leur sagesse, affichent de réelles qualité de bonne humeur, d'humour et d'autodérision, des moines tibétains – le Dalaï Lama en tête- aux Hassidim[44].

Prendre les choses avec sérieux sans se prendre au sérieux pourrait donc bien être à la fois la preuve et le chemin d'une quête spirituelle réussie. De là à penser que Dieu est humour, et que pour bien comprendre une vérité, y compris et surtout une vérité spirituelle, il faut savoir en rire, il n'y a qu'un pas, qu'il est fort tentant de franchir. Le sérieux sans faille face à la spiritualité et l'absence d'humour et de souplesse pour tout ce qui y touche n'est bien sûr pas sans précédent dans l'Histoire, mais cela a systématiquement plus traduit des périodes d'intégrisme religieux que de grands mouvements d'éveil spirituel individuel et collectif. Que l'on songe aux ecclésiastiques du Moyen Age, pour la plupart fort prompts à condamner le rire comme une œuvre du diable[45] – même si Saint Thomas d'Aquin voit dans la mélancolie un péché assimilé à un refus de la spiritualité-, qui sont sans aucun doute en grande partie responsables de l'intolérance qui conduit à l'Inquisition... Que l'on songe, aussi, plus près de nous, à l'attentat de Charlie Hebdo, le 9 janvier 2015, quand l'assimilation de caricatures, fussent-elles de mauvais goût, à un blasphème, conduit à un véritable massacre dans un contexte de montée de l'Etat islamique... Le rire est tolérance, et la tolérance va immanquablement de pair avec un développement spirituel réussi.

C'est la loutre, avec son approche légère de la vie et des événements, qui attrape le saumon de la sagesse, soulignant ainsi que celui qui sait avoir une appréciation rieuse de l'absurdité du

---

44   Le hassidisme est un mouvant du renouveau religieux juif, né en Europe orientale au XVIIIème siècle. Il insiste tout particulièrement sur la communion joyeuse avec Dieu, faisant du chant et de la danse des éléments à part entière de la pratique spirituelle.
45   Cette idée est magistralement illustrée par Umberto Eco dans *Le Nom de la Rose*

monde et du quotidien a sans doute plus de chance d'atteindre la sagesse que celui qui croule sous le poids de son propre sérieux, rendu incapable par ses certitudes d'être amusé, donc d'être surpris, de découvrir et d'apprendre.

De la dimension maçonnique à la dimension chamanique

Outre l'enseignement symbolique sur les animaux sacrés du druidisme qu'elle nous délivre via les métamorphoses des deux protagonistes, la poursuite entre Gwyon et Ceridwen a la particularité de nous entraîner dans un voyage à travers les quatre éléments : lièvre et levrette sont en effet à l'évidence des créatures de la Terre, élément du corps physique et de la sensation dans sa définition jungienne, tandis que le saumon et la loutre nous conduisent dans l'Eau, élément des sentiments et des émotions. Les oiseaux nous conduiront ensuite à travers l'élément Air, lié à l'intellect, jusqu'à ce que nous parvenions au grain de blé et à la poule. La poule symbolise en effet le Feu, parce que l'œuf qu'elle pond représente symboliquement le Soleil ; l'œuf de Pâques n'est-il pas toujours recherché avec intérêt par nos chérubins aux premiers beaux jours, quand l'astre solaire recommence à être plus présent, après l'Equinoxe de Printemps ? Le grain de blé, lui aussi, est par essence solaire, puisqu'il pousse grâce à la lumière du Soleil, croissant visiblement alors que s'allonge les jours, et qu'il est traditionnellement moissonné à Lugnasad[46], fête dédiée à Lug, dieu de l'éclair.

Le conte fait donc apparaître le parcours nécessaire vers l'illumination, qui nous conduit, tout comme l'initiation maçonnique, à voyager à travers les quatre éléments –Terre, Eau, Air et Feu-. Avec la Terre, nous savons que l'expérience nécessaire à l'illumination doit être concrètement vécue, par l'intermédiaire du corps et de la sensation, avant que nous la vivions émotionnellement en passant par l'élément Eau, puis que nous l'intellectualisions grâce à l'élément Air. Au moment où nous travaillerons avec l'élément Feu, synonyme d'expression de soi, nous serons alors en mesure de l'exprimer comme une part de nous-même, puisque nous l'aurons intériorisée à chaque niveau, et de la ressentir intuitivement –car le Feu est en effet lié à l'intuition.

---

46   1er août

Par ailleurs, ce n'est pas par hasard si Gwyon et Ceridwen passent d'abord par les éléments Terre et Eau, considérés comme féminins, et seulement ensuite par les éléments Air et Feu, symboliquement masculins : outre le fait que tout processus de transformation part des sens pour affecter nos émotions, avant de toucher notre intellect, et enfin notre intuition, il s'agit de souligner la préexistence de la Déesse, principe féminin, d'où tout procède, même le Dieu, principe masculin. Ils sont égaux et complémentaires, mais la préexistence de la Déesse n'est jamais oubliée par les religions de la Terre ou celles qui en découlent : c'est pour cela que la plupart des tribus amérindiennes accordent le dernier mot sur les sujets important au Conseil de Sœurs –des femmes sages-, et non à celui des Chefs, car leur décision est réputée plus inspirée par la Divinité, donc plus sage. C'est pour cela, aussi, sans doute, que le Judaïsme considère traditionnellement le chemin vers Dieu moins long pour les femmes que pour les hommes, ainsi que nous l'avons déjà évoqué.

Carl Gustav Jung, qui travailla avec les éléments tout autant qu'avec les archétypes, estime qu'un ou deux de ces éléments sont, pour nous, des outils privilégiés, avec lesquels nous ressentons spontanément une affinité particulière, et que nous utilisons plus volontiers dans nos rapports avec le monde, tandis que les autres restent plus ou moins en sommeil. Par exemple, celui qui privilégie l'élément Eau sera guidé par ses émotions, alors que celui qui a une affinité particulière pour l'élément Air fera tout passer par le prisme de l'intellect. Les premiers auront alors tendance à trouver les seconds froids et distants, alors que ceux-ci seront déstabilisés par leurs émotions à fleur de peau. Harmoniser et équilibrer les éléments, en nous, c'est donc bel et bien nous transformer et transformer notre rapport au monde, ce qui constitue à la fois un beau chemin vers un idéal personnel et spirituel et un beau résumé de la démarche maçonnique.

Ce lien avec la démarche maçonnique est d'autant plus tentant que tout est, alors, contenu en germe dans les quatre voyages qu'entreprend l'apprenti lors de l'initiation ; il approfondira par la suite, mais la graine est semée, et son parcours est celui de Gwyon, archétype de tout initié, y compris du Franc-Maçon… Pas de hasard ici : rappelons que les versions modernes du druidisme et de la maçonnerie prennent officiellement naissance à Londres la même année -1717-, en partie grâce aux mêmes personnes. Comment ne pas admettre, dès lors, une logique d'influence mutuelle, d'autant que la maçonnerie, jusque-là largement opérative –héritière des loges de bâtisseurs de cathédrales-, avait besoin de renforcer son corpus symbolique pour devenir pleinement spéculative.

Voyage maçonnique, le voyage de Gwyon est aussi essentiellement un voyage chamanique. Il illustre d'ailleurs tellement bien cet aspect que ce mythe suffirait sans aucun doute, à lui seul, à justifier l'assertion qui fait du druidisme le chamanisme européen originel.

Le terme de chamanisme vient de Sibérie et d'Asie centrale et, plus précisément, du mot *saman*, en toungouze[47]. Le chaman est avant tout celui qui a la capacité d'entreprendre et de guider des voyages ver l'Autre Monde, et d'en ramener des informations susceptibles de guérir ou de guider ceux qui sont venus le consulter, pratique présente, à un degré ou à un autre, dans toutes les religions de la Terre, et donc très répandue dans la quasi-totalité du monde antique[48], y compris en terre celte. Le chaman est aussi souvent médecin –comme c'est le rôle des ovates dans la tradition druidique-, et capable de transmettre oralement des généalogies complexes –ce dernier point étant indispensable, en particulier dans les communautés de petite taille, afin d'éviter un trop fort degré de consanguinité-. Les bardes, gardiens de la tradition orale, pouvaient parfaitement jouer ce rôle social capital en même temps que celui de chroniqueurs et de conteurs.

Comme dans le chamanisme, le voyage vers d'autres réalités – cet Autre Monde, lieu de révélation des Mystères, vers lequel la levrette Ceridwen conduit Gwyon-, est central dans le druidisme. Souvenons-nous, à ce titre, que le mot « druide » est lié à la fois au mot « chêne » et au mot « porte » : la porte qu'il sait franchir vers ces autres réalités, à n'en pas douter. Le symbole du portail est d'ailleurs omniprésent dans l'enseignement druidique, et n'a pas manqué d'influencer le l'imaginaire chrétien : Saint Pierre est le gardien des clefs du Paradis, c'est-à-dire le gardien des clefs du portail qui permet d'y accéder. L'entrée dans la dimension spirituelle supérieure ne saurait se passer du franchissement d'une

---

47   Langue originelle des peuples de Sibérie et du Nord-est de la Chine
48   La célèbre Pythie de Delphes, originellement prêtresse de la Déesse Python, puis d'Apollon, quand elle entrait en transe pour rendre des oracles, ne pratiquait-elle pas une forme de chamanisme ?

porte !

Mircea Eliade insiste, par ailleurs, sur l'importance, dans la définition du chaman, des Animaux de Pouvoir. Or, nous avons vu, au travers des transformations du Gwyon et de Ceridwen, à quel point ils sont présents dans la démarche qui conduit vers l'illumination. Il souligne aussi largement la présence obligée d'un bâton ou d'une baguette magique, outils indissolublement liés, dans notre pensée d'Europe occidentale, héritière de celle des Celtes, au personnage de Merlin l'Enchanteur, archétype du druide, et dont Taliesin est en quelque sorte le modèle et le précurseur.

La coutume, également propre au chamanisme, d'incarner des animaux particulièrement symboliques ou vénérés lors de certains rituels est attestée très tôt, notamment par le port de bois de cerf, par exemple à l'occasion de la célébration du Grand Mariage, où le Dieu Cerf épouse la Terre et féconde la Déesse –incarnés respectivement par un prêtre et une prêtresse- ; on a retrouvé la trace de tels costumes notamment à New Grange, ainsi que dans une habitation mésolithique de la région du Yorkshire, datant d'environ 10 000 ans. On sait, par ailleurs, que cette pratique s'est prolongée fort longtemps, puisque Saint Augustin[49], au début du Vème siècle, condamne *« cette coutume immonde qui consiste à se déguiser en cerf »*. N'oublions pas que le Christianisme, malgré l'influence profonde qu'il a puisé dans le druidisme, n'a jamais été une religion de la Terre ; cela implique que le lien entre Nature et Divinité, naturel et évident pour les Celtes, n'existe pas pour Saint Augustin et ses coreligionnaires, pour qui la Nature n'est pas d'essence divine, même si elle a été créée par Dieu : elle est au service des hommes désignés pour régner dessus. Il faudra attendre la Renaissance et l'intérêt conjugué pour la Kabbale juive et la pensée antique, pour que la Nature soit ré enchantée dans l'imaginaire chrétien... sauf dans les pays celtes, où esprits de la Natures, élémentaux, elfes, fées, ondines et korrigans n'ont pas cessé de parcourir les campagnes, même au plus fort du Moyen Age.

L'idée d'un chamanisme originel existant dans toutes les religions de la Terre a de quoi surprendre, notamment s'agissant du Judaïsme, qui est bien à la base une religion de la Terre, puisque le symbolisme premier de ses principales fêtes était, au départ, lié

---

49   354-430

au calendrier agricole. Cette dimension n'a d'ailleurs pas été oublié, même si elle s'est enrichi d'un symbolisme historique, au fil du temps, mais aussi pour garder la tradition pertinente et vivante dans une population dont la frange occupée par les activités de la terre s'est réduite, à la fois sous l'effet d'une modernisation des techniques de cultures, commune à toutes les sociétés, et sous le poids de l'Histoire, souvent chargée d'exils et de lois restrictives quant aux lieux de résidence et à la propriété du sol. Ainsi, dans la Torah, les fêtes ont un double caractère : un caractère agricole et un caractère historique. Cela est remarquable particulièrement pour les fêtes de pèlerinage : Pessah, qui est originellement "la fête du printemps", rappelle la sortie d'Egypte ; Chavouot, qui est "la fête des moissons", rappelle le don des Dix Commandements ; et Soukot "la fête de l'engrangement", rappelle la traversée du désert.

Ce double symbolisme marque une rupture totale avec les cultes anciens, qui exprimaient une adoration des forces de la nature pour elle-même, et l'épisode du Veau d'Or –si on ne le prend pas au pied de la lettre, mais pour ce qu'il exprime symboliquement- signifie qu'il ne s'agissait pas seulement de rompre avec la déification du Nil par les Egyptiens, mais bel et bien aussi avec un chamanisme hébraïque originel : la statue façonnée par les Hébreux, et non empruntée aux Egyptiens, traduit l'existence de cette dimension chamanique, en passe d'être rejetée, mais pas encore oubliée. Cet épisode marque donc la transition d'une religion de la Terre vers autre chose et, comme on l'a vu au travers du symbolisme des éléments et de l'initiation, en l'occurrence vers une croyance plus émotionnelle et intellectuelle - l'Eau et l'Air sont venus enrichir une spiritualité que la Terre avait fait germer[50]. En intervenant dans le cycle du temps, Dieu peut alors enseigner que non seulement Il est le maître de cette nature, qui n'a donc pas à être vénérée pour elle-même, puisqu'elle est une émanation de Lui, mais surtout que le religieux ne peut être séparé de la morale. Ainsi le printemps n'est plus le temps du papillonnage libertin, mais le temps de la libération de l'Homme, l'automne n'est plus le temps de l'individualisme égoïste, mais celui du partage fraternel. Le même Dieu qui crée la nature délivre l'Homme, afin qu'à son tour l'Homme utilise la nature pour délivrer son frère de

---

50   Le Feu n'est pas oublié, mais la dimension intuitive du rapport au divin ne peut, par définition, être théorisée : il appartient à chacun de la découvrir en lui-même... C'est ce qui est au centre de a démarche des mystiques, toutes religions confondues.

l'oppression et de l'aliénation.

Sans l'arrivée du Christianisme, le druidisme aurait-il suivi une évolution parallèle à celle du Judaïsme, se détachant finalement du chamanisme pour ne plus adorer la nature en tant que telle, mais plutôt le principe créateur à l'origine de celle-ci ? Voilà une question qui demeurera probablement toujours sans réponse.

Les cerfs et les taureaux revêtaient une importance particulière dans le druidisme ; ainsi, le cerf, messager de l'Autre Monde, est monté par le sage Merlin, et le taureau est consacré au bienveillant dieu Taranis. Ce dernier animal figure d'ailleurs en bonne place dans les instruments de musique traditionnels du druidisme, des grelots en bronze en forme de testicules de taureaux étant utilisés dans de nombreux rituels, tout comme les cors en bronze représentant des cornes de taureau, retrouvés sur de nombreux sites archéologiques, tant en Irlande qu'en Grande-Bretagne, et dont le son évoque les beuglements de l'animal. On retrouve aussi la trace du Taureau dans les rites premiers de la Crète -les poteries peintes en ont laissé des témoignages certains-, et encore dans la culture hindoue, où il est vénéré, pour avoir porté Shiva sur son dos.

La vocation centrale du chamanisme, et donc du druidisme, à travailler avec les puissances animales, donne en tous cas un nouvel éclairage sur le sens profond des métamorphoses qui jalonnent le mythe de Taliesin.

Des dieux très humains qui ont besoin des hommes

Lorsque Ceridwen poursuit Gwyon, le poussant sur le chemin de son évolution spirituelle à travers les éléments et les portails entre les mondes, il se métamorphose, mais elle aussi connaît des transformations. Elle en connaît, en fait, autant que lui, et le résultat visible de cette transformation est sa rage qui se mue en amour quand elle met au monde un fils. Le mythe exprime, sous cet angle, l'idée que les dieux ont besoin de nous, tout autant que nous avons besoin d'eux, et pour les mêmes raisons : pour vivre l'épreuve, la dépasser, et ainsi évoluer et passer à l'étape suivante.

Les dieux des Celtes ne sont pas monolithiques : ils ont des sentiments, commettent des erreurs, apprennent... Peut-être est-ce là une des clefs de l'importance centrale que les druides -et les religions de la Terre en général- accordent à l'apprentissage : si le fait d'être un dieu ou une déesse implique d'être plus évolué, mais en rien d'avoir achevé son évolution, comment un simple être humain pourrait-il se dispenser de travailler à la sienne chaque jour ? C'est le chemin qui compte, et non le but, parce que le but -la pleine réalisation spirituelle- est impossible à atteindre : on ne peut qu'œuvrer à s'en rapprocher.... C'est aussi l'optique du Judaïsme : on étudie quotidiennement la Torah pour connaître Dieu, tout en sachant que Dieu est par définition l'Inconnaissable. La démarche spirituelle, et les transformations qu'elle induit, ont donc leur valeur en elles-mêmes...

L'idée d'une relation réciproque avec le divin est l'exact opposé de la soumission prônée par la religion musulmane - rappelons que le mot « Islam » signifie « soumission », et que l'idée même d'une influence de l'Homme sur Dieu serait, dans ce cadre, purement blasphématoire : le Dieu de Mahomet n'est pas un dieu avec qui on entretient un rapport familier et qui exhausse au passage les prières ; il est un dieu à qui on obéit. Il est donc encore moins un dieu avec lequel la moindre réciprocité est imaginable. Les Juifs et les Chrétiens, malgré la parenté généralement admise des trois religions du Livre, ont un rapport moins distant avec Dieu, et en tous cas moins soumis. Le Livre de Job, par exemple, montre clairement que l'Eternel accepte plus facilement l'expression sincère d'une colère contre Lui qu'une attitude apparemment plus respectueuse, mais moins authentique : les trois « amis » de Job sont vraiment dans l'erreur quand ils estiment que Dieu ne pouvant se tromper, si Job est puni, c'est qu'il a forcément péché ; ils sont surtout forts arides en termes de compassion. Et Dieu, au final, ne tiendra pas rigueur de sa colère à l'homme éprouvé, puisque sa colère est légitime. Et Jésus lui-même, si il connaît les raisons des arrêts du Créateur, ne les accepte pas pour autant sans récriminer, comme en témoigne le *« Mon Dieu, pourquoi m'as-Tu abandonné ? »*, exprimé lors de la Crucifixion.

Si le Dieu des Juifs et des Chrétiens est suffisamment proche de sa Création pour interagir avec elle, les dieux des Celtes sont, eux, littéralement engagés dans le même processus d'évolution que tout être humain, même si c'est à un autre niveau. C'est sans doute la raison pour laquelle le Christianisme, pour s'imposer sur les terres celtiques, aura soin d'habiller les divinités locales des atours des saints chrétiens, plus proches de chaque homme et de chaque femme, et donc plus accessibles et compréhensibles qu'une divinité désincarnée...

Les druides ne se conçoivent en aucun cas comme des destinataires passifs de la colère ou des bienfaits de la Divinité : ils nous invitent à nous regarder comme des partenaires actifs de celle-ci, co-construisant avec elle une relation mutuellement transformatrice. Quelle que soit la nature du divin, que l'on voit dans le panthéon celte des dieux et déesses multiples ou les divers aspects d'une divinité unique, le rapport qui se crée avec eux n'est jamais à sens unique, et s'exprime forcément sur le mode de la symbiose, mutuellement profitable et transformatrice. En ce sens, les rapports que l'on peut établir avec un Dieu ou une Déesse ressemblent fortement à ceux que l'on peut entretenir avec un autre être humain : quelle que soit l'interaction qui se met en place, elle fait nécessairement évoluer, fusse à leur insu, chacun des protagonistes. Le mythe de Taliesin nous invite donc, ici, à accorder l'importance qu'elle mérite légitimement à notre relation aux autres, et à privilégier celles qui nous font grandir, nous donnent de l'énergie et nous font avancer dans nos projets de vie. Une relation ressentie comme positive l'est généralement réciproquement. C'est là un message important à une époque où la moindre épreuve tend souvent à être vue comme le justification d'une prise de distance plutôt que comme l'occasion d'évoluer ensemble, de traverser les transformations, souvent parallèles sans être similaires, nécessaires pour avancer sur le même chemin : Gwyon et Ceridwen ne vivent pas les mêmes métamorphoses, mais ils traversent les mêmes éléments, les mêmes épreuves, et en sortent tous les deux grandis, ayant tissé de nouveaux liens entre eux et tracé ensemble de nouveaux chemins pour chacun, qui auraient été impossibles avant.

Ceridwen est une déesse, alors que Gwyon, au début de l'aventure, est un être humain, et pourtant leu vécu commun les transforme tous les deux. Si Ceridwen déclenche l'action, elle grandit en effet tout autant que Gwyon du fait de tout ce qui arrive entre eux. Qui mène le jeu, en réalité, dans la mesure où celui ou celle qui initie, qui enseigne, se trouve changé et initié lui aussi ? Un exemple quotidien illustre parfaitement la complexité de cette interrogation : si les parents sont responsables de la vie et des premières évolutions des enfants qu'ils mettent au monde, ils voient simultanément leur vie changer de façon irrévocable... La parentalité est la plus réciproque et la plus complémentaire de toutes les relations humaines ; elle est aussi la plus indispensable, car elle est sans doute celle qui induit les transformations les plus profondes, que ce soit d'un point de vue profane ou d'un point de vue spirituel. Sans doute est-ce pour cela, d'ailleurs, que les religions de la Terre, très soucieuse de l'évolution de l'individu dans des cycles naturels, attachent invariablement une grande importance à la perpétuation de la lignée et à la transmission, au point d'en faire un devoir religieux ou la condition d'une bonne réalisation spirituelle...

C'est toujours au travers de la relation à l'autre que nous grandissons, surtout quand nous y trouvons une complémentarité plutôt qu'un prolongement... ce qui signifie que ce ne sont généralement pas les relations les plus faciles et fluides qui nous font le mieux grandir : il suffit de voir la très efficace relation d'évolution de Gwyon et Ceridwen, qui ne s'engage pas sur le mode de la concorde et de la sérénité, même si ils finissent par l'atteindre ! L'aspect réciproque est crucial : on ne peut évoluer réellement ni en étant toujours dans la position de celui qui reçoit, ni en étant systématiquement celui qui donne. L'équilibre, ce que les Bouddhistes exprimeront par le Yin et le Yang, les Francs-Maçons au travers du pavé mosaïque, et les Kabbalistes en évoquant la Sophia -personnification de la Sagesse, mais aussi aspect féminin d'un Dieu qui, si il n'a pas de sexe, car il est au-delà des sexes, n'en est pas moins systématiquement évoqué au masculin- est bel et bien, dans toutes les traditions, la clé de l'évolution spirituelle, et la poursuite entre Gwyon et Ceridwen, où cette dernière, tout en le guidant, s'adapte et se transforme à chacune de ses métamorphoses, en est une parfaite illustration. Si on ne regardait que l'aspect de l'énergie masculine dynamique à l'oeuvre dans ce conte, on le réduirait au simple récit d'un jeune homme qui, après de nombreuses aventures, trouve l'inspiration et atteint le succès en devenant un grand poète ; on voit bien, pourtant, qu'occulter l'énergie féminine, et donc Ceridwen, fait passer à côté de l'essentiel de l'histoire. Elle a la même importance que Gwyon dans le récit, est sont exact et indispensable complément énergétique... On peut ainsi dire qu'elle le poursuit comme notre Moi profond ne cesse de courir après notre personnalité de tous les jours – et il est transformé par les expériences de cette dernière comme Ceridwen l'est par celles de

Gwyon-.

Cette influence réciproque et simultanée des deux énergies, masculine et féminine, l'une sur l'autre, exprime aussi à quel point l'esprit et le corps sont dépendants l'un de l'autre -message d'autant plus important dans notre culture judéo-chrétienne, qui a trop souvent tendance à séparer les deux, créant ainsi dans nos vies de déséquilibres à tous les niveaux-. Conquérir et assumer pleinement notre humanité passe donc par le fait d'admettre que le corps est important, à l'égal de l'esprit, et que la mortification, loin de faire grandir spirituellement, entrave notre évolution. Énergétiquement interdépendants, le corps et l'esprit ne peuvent évoluer qu'ensemble, et pas l'un contre l'autre. L'idée que le corps est saint, puisqu'il habite l'esprit, et doit donc être sain pour être digne d'être sa demeure, n'est pas totalement étrangère à la pensée judéo-chrétienne : elle est juste longtemps restée une sorte de débat d'érudits, sans trop de diffusion et encore moins de conséquences pratiques. C'est ainsi qu'au Moyen Age, on prônait la prééminence absolue de l'esprit sur le corps ; les Cathares et leur pratique de l'*endura*[51] en sont une bonne illustration, de même que les moines qui, à l'approche de l'An Mil, prônaient de s'abstenir de tout rapport sexuel, même dans un but de procréation, afin de ne pas faire connaître à de nouvelles âmes le malheur de l'incarnation dans un corps de chair. De nos jours, au contraire, l'hédonisme est souvent de venu une raison de vivre à part entière -pire : une unique raison de vivre-, et la spiritualité est souvent moquée, ou du moins négligée. Aucune de ces deux attitudes extrêmes, on le perçoit bien, ne peut être un chemin durable d'épanouissement et d'équilibre, ni pour un être humain à titre individuel, ni pour l'humanité dans son ensemble.

On peut aussi avancer l'hypothèse que, au cœur de ce mythe, les animaux jouent le rôle de symboles de nos peurs et de nos pulsions intimes, des parties de notre psychisme que nous avons refoulées ou négligées, et que nous devons nous réapproprier pour grandir, comme le font Gwyon et Ceridwen au fil de leurs métamorphoses animales. Nous revenons ainsi à la dimension purement chamanique de l'enseignement druidique : en accueillant et en aimant les animaux qui accèdent à notre conscience par la voie de la méditation ou des songes, en s'interrogeant sur leur symbolisme et le comportement de leurs congénères dans le

---

51   Cesser volontairement de s'alimenter, jusqu'à la mort, pour ne se consacrer qu'à la vie spirituelle

monde réel, nous pouvons enrichir notre monde intérieur et déclencher ou accélérer notre évolution personnelle. L'animal, en nous, n'est pas l'ennemi de notre évolution spirituelle : il est la voie naturelle vers son accomplissement.

On doit souligner que, dans le druidisme, comme dans tous les chamanismes, du reste, que ce soit celui du monde altaïque, des îles du Pacifique ou des Amérindiens, les animaux vus en songe, en même temps qu'ils symbolisent une partie de nous-mêmes, peuvent exister sous forme d'esprits dans l'Autre Monde ; ils peuvent alors parfois se manifester à nous pour nous apporter leur énergie, et nous offrir ainsi un conseil, un enseignement, une inspiration, ou encore une guérison. Dans ce cadre, chacun possède une faculté ou un domaine d'action intrinsèque, et ils sont désignés sous le nom d'Animaux de Pouvoir ». Le chamanisme passe par la prise de conscience de leur présence -réelle ou symbolique- et par le fait de tisser avec un ou plusieurs d'entre eux des liens privilégiés. Alors que la plupart des auditeurs du barde, à la veillée, voyait sans doute, tout en comprenant le symbolisme qui leur était attaché, chacun de ces animaux comme doté d'une existence propre, on peut supposer que les druides se concentraient sur leur dimension d'aides énergétiques, de parts d'ombre en nous-mêmes, et donc de chemins d'évolution...

Des transformations... encore...

Nous n'avons évoqué jusque-là en détail que deux des quatre métamorphoses que connaissent Gwyon et Ceridwen, mais cela n'a rien d'un oubli : il s'agit de montrer que le processus de transformation qui se produit à la suite de la première initiation – avaler les trois gouttes de l'Awen- n'est en rien continu, même si il semble tel dans la poursuite. En fait, les phases d'évolution proprement dites alternent avec les phases d'intériorisation et de compréhension de cette évolution ; on peut dire aussi que les phases de changement actif, liées à l'énergie masculine, alternent avec celles, plus féminines, où il s'agit de comprendre de l'intérieur et, tout simplement, d'être.

Si nous avons déjà largement évoqué le sens de métamorphoses de Gwyon en lièvre, puis en saumon, et de celles de Ceridwen en levrette, puis en loutre, il nous reste à détailler le sens de la transformation de Gwyon en oiseau, puis en grain de blé, et de celle de Ceridwen en faucon, puis en poule.

Lorsque la loutre se saisit du saumon, Gwyon a symboliquement exploré le monde des sentiments et des émotions ; il est donc désormais prêt à s'élever dans les airs, donc à aborder le domaine de l'intellect. Les versions les plus anciennes n'indiquent pas clairement en quel type d'oiseau il s'est changé, ou les traductions rendent le doute permis, mais il est vraisemblable qu'il s'agisse du roitelet, oiseau considéré par les druides comme le plus sacré de tous. En Irlande, on le nomme d'ailleurs *Dru-En*, ce qui signifie « oiseau des druides » et, au Pays de Galles, un nid de roitelet est considéré comme protégé par les éclairs, qui frappent qui oserait y voler des œufs, et nommé « Maison du Druide ». Notons aussi qu'en gallois, le mot *Dryw* désigne à la fois le druide et le roitelet. Taliesin, aboutissement de ce processus de transformations, étant l'archétype même du druide et l'idéal de tout druide, l'identification de l'oiseau est finalement aisée, ou du moins logique. En devenant roitelet, Gwyon proclame donc son identification avec l'objectif central du druidisme, c'est-à-dire le savoir.

On pourrait à bon droit s'étonner que le druidisme soit associé au plus petit oiseau natif des Iles Britanniques plutôt qu'à un aigle puissant et majestueux, par exemple, surtout quand on sait la place prépondérante occupée par les druides dans la société celte. Une vieille légende des Highlands écossais, que l'on retrouve d'ailleurs, sous des formes variées, à travers l'Europe entière, donc dans toute l'aire traditionnellement associée au druidisme, en donne sans doute l'explication :

Lors d'une grande assemblée des oiseaux[52], il fut décidé que la souveraineté échoirait à celui qui volerait le plus haut. Le grand favori était l'aigle qui, confiant en sa victoire, prit son envol tout droit vers le soleil. Il se retrouve effectivement à planer loin au-dessus de tous ses compétiteurs, et s'apprête à proclamer sa suprématie sur toutes les bêtes à plumes. Subitement, surgit alors d'entre ses ailes le roitelet, demeuré jusque-là caché sous les plumes de l'aigle ; il s'envole quelques centimètres plus haut, et

---

52   On peut y voir ici un parallélisme avec l'Assemblée qui réunissait traditionnellement un clan écossais à la mort du Laird pour décider qui en prendrait la direction, ou pour l'entériner, dans un contexte où la succession de père en fils était une règle qui souffrait des exeptions, tant que le candidat était lié àa clan, donc à la lignée.

pépie aussi : « Oiseaux, regardez, voici votre roi ».

Le roitelet l'a donc emporté grâce à la sagacité de son esprit, qui lui permet de compenser sa moindre puissance physique. C'est sans doute ce qui explique son analogie avec le druide, dont l'intellect est le but ultime, et une arme puissante. C'est sans doute aussi ce qui fait que le druide est le seul à pouvoir prendre la parole après le roi, chef de guerre, associé à l'aigle : le roitelet n'a-t-il pas démontré sa supériorité sur celui-ci en se montrant plus malin ? Notons ici que le druidisme ne réprouve pas la ruse, preuve d'intelligence en action, et que c'est là une dimension spécifiquement chamanique : dans plusieurs langues à travers le globe, le terme qui désigne le chaman signifie aussi l'homme –ou la femme- futé(e).

Il s'agit aussi d'un message sur l'importance, encore, de la transmission : inutile de réinventer la roue quand nous pouvons partir de ce que d'autres ont bâti et qui fonctionne ! Le druidisme est avide de savoir, par essence non dogmatique, donc ouvert à la nouveauté, mais il n'en est pas moins extrêmement conscient de la valeur de la tradition, et que nous n'allons pas très loin, spirituellement comme dans le monde profane, si nous nous attachons à ne nous appuyer sur rien, à construire et à nous construire sans racines.

La victoire du roitelet nous dit aussi que la vanité peut être encombrante, et que la discrétion, alliée à l'intelligence, peut être un bon chemin pour atteindre son but ; une fois de plus, le druidisme voit dans le Moi Intérieur des horizons que l'Ego ne saurait atteindre seul.

Après l'avènement du Christianisme, durant des centaines d'années, il fut fréquent de chasser et de tuer rituellement le roitelet, parce qu'il représentait le druide, guérisseur et un peu prophète[53]. Il semble d'ailleurs que cette dernière croyance populaire ait survécu, ou du moins été connue, jusqu'à la première moitié du XIXème siècle, où un auteur anglais écrit : « *L'origine de la persécution du roitelet remonte –nous avons le regret de le dire- au clergé chrétien dans son excès de zèle contre toutes les choses ou croyances antérieures, cet oiseau étant un oiseau druidique et sacré*

---

53   Vus ces qualificatifs, on parle donc de l'ovate, en fait, dont nous avons vu qu'il est le groupe de la triade sacerdotale celte dont le savoir se transmit le mieux, quoi que souvent sans dire son nom.

au sein du rite que ces grands maîtres enseignants des hommes, les Druides, pratiquaient dans les Bois Sacrés... ». Un constat peu banal, quand on sait que les Chrétiens reprochèrent aux druides de pratiquer des sacrifices d'animaux, sans se soucier de l'incohérence d'une telle accusation vis-à-vis d'une philosophie pour laquelle la Nature est sacrée, et donc pour laquelle toute vie est sacrée ! Les druides, certes, ne réprouvaient pas la chasse et la consommation de viande, indispensables à la survie dans une période où l'agriculture balbutiante et le climat plutôt rude impliquaient de faibles rendements, mais ils l'acceptaient comme une *triste* nécessité, limitée aux stricts besoins, et nécessairement entourée de rites pour se faire pardonner cette perturbation de l'ordre naturel. On retrouve aujourd'hui la même attitude chez les Peuples Premiers, des Amérindiens aux aborigènes d'Australie, et on peut supposer que les druides, comme leurs chamans, pouvaient être végétariens dans la vie courante, notamment pour faciliter la Vision et le lien avec l'Autre Monde, et réservaient la consommation de protéines animales à des circonstances rituelles ou festives.

Notons d'ailleurs que le druidisme, à l'instar de toutes les religions de la Terre, a attaché une importance particulière à la codification de l'alimentation, et tout particulièrement de l'alimentation d'origine animale, pour des questions d'éthique, de respect de la Nature et de maintien du lien harmonieux de l'être humain avec la Création. Ces prescriptions ont quelques fois à voir avec l'injonction de consommation de certains aliments dans certaines circonstances mais, le plus souvent, elles prennent la forme d'interdictions généralisées ou ciblées, de consommer telle ou telle chose ; les interdictions sont d'ailleurs, dans ce cadre, toujours plus impératives que les injonctions de consommation. En interdisant la consommation d'un ou plusieurs animaux à l'être humain, la Divinité lui rappelle son lien avec la Nature, qu'il doit respecter parce qu'il en fait partie. La Cacherout, ensemble de règles alimentaires inscrites au cœur du Judaïsme –son respect fait partie des 613 mitzvot, actions positives qui imprègnent de nombreux aspects de la vie quotidienne et des relations interpersonnelles-, en est un très bon exemple.

S'agissant de la codification ou de l'interdiction de la consommation de certains aliments, généralement carnés, on peut dire qu'outre les Jaïns, en Inde, qui ont un tel respect de la Vie qu'ils portent généralement un masque de coton sur le visage pour ne pas risquer d'inhaler ou d'avaler un insecte par inadvertance, et vont parfois jusqu'à balayer le sol devant eux en marchant, pour la même raison, la palme du végétarisme strict revient sans aucun doute aux pythagoriciens, qui allaient jusqu'à refuser de consommer des fèves en raison de leur ressemblance de forme avec un fœtus humain, qui leur laissait supposer qu'elles pouvaient être dotées d'une âme. La pertinence de la consommation de viande est d'ailleurs une vraie préoccupation et une constante interrogation pour les philosophes grecs, comme l'exprime fort bien Plutarque dans son traité *« S'il est loisible de manger la chair »*.

Il arrive aussi que l'interdit alimentaire se focalise sur le mode de consommation des aliments, qu'il s'agisse de la méthode d'abattage et de qui l'effectue –ce qui vaut par exemple pour la viande cacher ou de la viande halal, par exemple-, du type de récipient où elle est préparée –la nourriture des brahmanes, en Inde, doit nécessairement l'être dans des récipients métalliques-, ou de combinaisons d'aliments interdites. Ainsi, la cuisine juive évite scrupuleusement d'associer viande et laitage au cours du même repas, car il est jugé immoral de faire cuire un animal dans le lait de sa mère, et donc par extension de consommer simultanément viande et produits laitier. Il est intéressent de noter que les courants traditionnalistes étendent cet interdit à la consommation simultanée de volaille et de laitage, se montrant ainsi plus stricts dans l'application de la règle que le principe philosophique qui l'a motivée : la volaille ne produisant pas de lait, par définition, la valeur de l'interdit dépasse ici l'argument moral. On touche là à un deuxième sens des règles alimentaires : respecter les mêmes crée un sentiment d'appartenance, de communauté.

C'est sans doute pour cela que certaines viennent se renforcer à certains moments symboliques de la psyché collective : jeûne de Yom Kippour ou du Vendredi Saint, Carême, Ramadan, interdiction des aliments levés ou fermentés à l'approche de Pessah en souvenir du pain de la hâte et de la Sortie d'Egypte... Notons que le caractère plus ou moins strict d'un jeûne dépend de plusieurs critères : de sa durée, bien sûr, mais aussi de la valeur rituelle qu'on lui attribue. Ainsi, le jeûne de Yom Kippour est un jeûne total de 25 heures, durant lesquelles même la consommation d'eau est interdite, car il s'agit d'un jeûne de purification ; à contrario, le jeûne du Vendredi Saint, outre qu'il est de moins en moins suivi, au point de se borner souvent à s'abstenir de consommer de la viande, n'a jamais été un jeûne absolu, puisque la consommation de liquides –non alcoolisés, cela va de soi- y est autorisée : on est ici face à un jeûne symbolique, donc moins sévère.

On peut signaler, enfin, les interdits concernant le contexte de la consommation alimentaire, dont l'ignorance a parfois entraîné des drames, comme l'illustre l'incident qui suit : à l'aube du XXème siècle, les soldats français arrêtèrent le roi des Floups, tribu de Casamance[54] de religion Diola, et l'emprisonnèrent dans une cellule collective. Simple incident de l'histoire coloniale, sauf que... pour les rois de Casamance, se nourrir en public était un tabou absolu, ce que les soldats ignoraient, mais ce qui conduisit très vite à la mort du souverain, qui ne put se résoudre à briser un interdit aussi fort.

Si les interdits alimentaires sont la traduction de croyances et de principes éthiques, quelles étaient ceux du druidisme ? La chasse et la consommation de lièvre, de poule ou d'oie étaient invariablement proscrites par les Assemblées druidiques. Le lièvre (mais pas le lapin) était, comme nous l'avons vu, un animal sacré lié au Dieu Lug, d'ailleurs parfois –et là nous revenons au cœur de notre conte- surnommé Gwyon ; en manger aurait donc été impensable. Et nous avons déjà évoqué cette interdiction concernant la poule, qui pond l'œuf, symbole solaire essentiel de tous les rites de fertilité ; il en va de même pour l'oie. Mais une interdiction pouvait aussi ne concerner qu'un petit groupe de personnes, voire une seule personne : un Clan ne chassait ni ne consommait jamais l'animal qui lui était dédié, considéré comme son protecteur et représenté sur son blason, ni un guerrier son animal fétiche –Cuchulainn, par exemple, dont le nom signifiait « le chien de Culann »-. Ne nous étonnons pas, dans ce cadre, de l'abondance des totems claniques ou personnels se référant à des animaux fort peu savoureux comme l'ours, le loup ou le renard : cela reflète moins un goût pour les carnassiers féroces que le sens pratique des peuples celtes.

Puisque nous venons d'évoquer les Bois Sacrés, arrêtons-nous un instant sur ce concept, pas nécessairement familier. Le druidisme, religion de la Terre, estimait vain de rendre hommage aux Dieux ou de se rapprocher des Dieux dans un édifice fait par la main de l'Homme, donc par définition moins parfait et moins sacré

---

54   Région du Sénégal

que ne le serait jamais la Nature, tout entière habitée par des divinités, ou par la présence divine. C'est pourquoi les archéologues n'ont jamais pu découvrir de lieux de cultes fermés associés au druidisme ; rien à voir avec une incapacité à les construire – il suffit de voir la complexité des cercles de pierres comme Stonehenge ou des alignements de mégalithes comme Carnac ! La plupart du temps, le rituel met en avant un élément naturel, une source, un puits, un feu ; le Bois Sacré symbolise, à ce titre, le lieu où l'on peut se retirer pour célébrer et méditer soit très concrètement, soit à l'intérieur de soi. C'est donc un lieu de paix, où la présence de tous les éléments naturels et de toutes les énergies qui leur sont liées facilite l'élévation spirituelle.

Les Francs-Maçons se souviendront symboliquement de ce lien avec le divin facilité dans la Nature : dans les temples maçonniques, figure la voute céleste, ou voute étoilée, et toute initiation et tout travail spirituel a donc lieu sous le ciel. La Loge maçonnique est ainsi ouverte aux six directions, du Septentrion au Midi, de l'Orient à l'Occident, mais aussi, par la grâce de cette représentation de la voûte céleste, du Zénith au Naadir, et l'instruction du Premier Degré, au REAA[55], précise que « *ces dimensions signifient que la maçonnerie est universelle* ». Si l'on omet la voûte étoilée, on se ferme à deux directions, et on perd l'universalisme, or l'expérience initiatique, même non religieuse, est un lien avec le Divin, et le Divin ne peut être limité, puisqu'il est l'essence de Tout, et donc universel... La simple observation des étoiles n'est-elle pas, d'ailleurs, l'un des moyens les plus spontanés pour ressentir une sorte de connexion mystique avec toute chose ? Pour s'élever, fusse en fraternité, il faut être capable de regarder vers le ciel, pas risquer de se cogner au plafond ! Emmanuel Kant a d'ailleurs fort bien exprimé le lien très maçonnique et très druidique entre l'infinité du ciel et la capacité de développement de soi-même : « *Deux choses remplissent mon âme d'une admiration toujours plus grande : le ciel étoilé au-dessus de ma tête et la loi morale dans mon cœur* ».

Mais revenons au roitelet, au sujet duquel les traditions chrétiennes et les coutumes populaires abondent, que ce soit en France, en Irlande ou en Grande-Bretagne, qu'il s'agisse de sa chasse, de processions dans les rues, ou encore d'un hymne

---

55   Rite Ecossais Ancien et Accepté

funèbre aux roitelets et autres chants lugubres du même ordre, voire de son enterrement rituel. On peut y voir une commémoration symbolique de la fin du druidisme vers le VIème siècle de notre ère, après qu'il ait si profondément imprégné la spiritualité de nos contrées durant des milliers d'années. La chasse au roitelet se pratiquait traditionnellement à la Saint-Etienne en Angleterre, à l'époque de Noël en Irlande, et à l'Epiphanie au Pays de Galles –sinistre rappel symbolique de la destruction du druidisme à l'occasion d'une grande fête chrétienne, mais un rappel doublé d'oubli, puisque la raison de cette chasse elle-même avait été christianisée : on racontait ainsi que le roitelet était puni pour avoir chanté fort auprès de Jésus dans le Jardin de Gethsémani, alertant ainsi les soldats qui le recherchaient... Rien de plus éloigné de la vision druidique de la Nature et du destin dont elle peut parfois, au pire, se faire l'instrument !

Quand Gwyon se fait roitelet, Ceridwen devient faucon, un oiseau qui, à l'instar du lièvre, est un symbole de l'aube. Il représente donc également l'éveil de l'esprit –entendu au sens d'intellect- et la faculté de l'intelligence à scruter et à survoler pour relever avec précision les détails de la vie et des situations auxquelles elle nous confronte. La tradition druidique disait ainsi d'un barde inspiré qu'il était doté d'un « savoir d'oiseau », et certaines prédictions étaient le fait de druides interprétant chamaniquement le vol des oiseaux. Dans la symbolique druidique, chaque oiseau –comme d'ailleurs chaque animal- évoque des qualités et des expériences différentes, et offre donc des dons différents : renouveau pour l'aigle, humilité pour le roitelet, noblesse, grandeur et fierté pour le faucon, grâce pour le cygne, initiation pour le corbeau[56], etc...

Le faucon est, de longue date, considéré comme l'oiseau par excellence de la chevalerie et de la noblesse, et se symbolisme a pleinement perduré avec le Christianisme, que ce soit au Moyen Age, durant la Renaissance ou par la suite. Durant la période médiévale, rois, princes, ducs et comtes chassaient ainsi au faucon, tandis que les nobles dames utilisaient l'émerillon, le plus petit des faucons, et les ecclésiastiques, l'épervier. Le nom du fils de Lancelot, Galaad, signifie par ailleurs en gallois « le faucon de

____

56   C'est pour cela que le corbeau sera souvent, par la suite, par une déperdition de sens, associé à la mort, ultime initiation, et donc considéré comme un oiseau de mauvaise augure.

l'été », et la noblesse du personnage atteste de celle attachée à l'animal. Capable de monter haut dans le ciel, le faucon est en effet considéré comme un oiseau solaire, donc de fournir un nom digne d'un chevalier qui incarne toutes les qualités de la galanterie et de la noblesse, un héros solaire en quête du Féminin. En ce sens, le faucon nous ramène donc au thème archétypal du principe masculin en quête du principe féminin, du combat des sexes nourri par l'instinct et par l'amour, mais qui commence souvent par s'exprimer au travers d'un conflit qu'il faut dépasser, en acceptant la naturelle complémentarité pour effacer les antagonismes latents. Mais là où les épopées médiévales dépeignent traditionnellement deux faucons mâles, dangereux et agressifs, dans le mythe de Taliesin, c'est Ceridwen, c'est le faucon femelle, le principe féminin, qui assume ce rôle.

Dans les deux cas, c'est le résultat d'un biais culturel : le Moyen Age ne peut imaginer que le mâle dans un rôle actif ou agressif, y compris du point de vue relationnel, alors que la tradition celte, plus ancienne, n'oublie pas que tout procède de la Déesse, et lui donne donc un rôle dominant. Ceridwen sera ainsi successivement une levrette féroce, une loutre aux dents et aux griffes puissantes, un faucon prédateur, et finalement une poule, qui avale Gwyon, devenu grain de blé. L'image donnée du mâle est nettement moins agressive, puisque ce dernier sera successivement lièvre, saumon, tout petit oiseau, puis céréale – comble de la passivité !-. Ce détail montre, s'il en était besoin, l'origine très ancienne du mythe, remontant peut-être à l'époque où les populations européennes adoraient des déesses-mères, et voyaient dans la femme le principe actif et structurant de la société. Nous ne nous référons pas, ici, à la période chrétienne, largement patriarcale, ni même à l'Antiquité classique, où l'influence gréco-romaine, notamment, avait déjà modifié l'organisation sociale et la perception traditionnelle des rôles masculins et féminins. Ce mythe est de toute évidence bien plus ancien, à une époque où la Déesse était le commencement et la fin, et donnait donc l'impulsion à toute chose, rôle actif s'il en est, devenu par la suite typiquement masculin.

Pour les Celtes, aucun empêchement à ce qu'une femme, même à l'orée de l'ère chrétienne, soit reine et guerrière, comme Boadicée... trace d'une organisation sociale remontant à avant que l'arrivée des indo-européens en Europe occidentale ne modifie les fondements mêmes de la société, et surtout de l'imaginaire collectif, ainsi que l'explique Robert Graves dans son ouvrage *La Dame Blanche* : « *Quand la victoire des Indo-européens patriarcaux a révolutionné le système social en Méditerranée orientale, le mythe de la poursuite sexuelle s'est trouvé inversé. La mythologie grecque et romaine abonde en anecdotes de la poursuite et du viol des déesses ou des nymphes fugaces par des dieux déguisés en bêtes : surtout les dieux prééminents, Zeus et Poséidon* ». Comment, en effet, ne pas songer à Léda séduite par le cygne, ou Europe par le taureau ?

Avant la prépondérance de l'influence indo-européenne – rappelons que le druidisme est très largement antérieur, prenant sans doute son essor à la fin de la dernière grande période glaciaire- les hommes voyaient dans les femmes des incarnations de la Déesse, avec qui elle partageait, de plus, son pouvoir le plus mystérieux et le plus emblématique : donner la vie. Cela ne signifie en rien que les hommes de l'époque étaient faibles –impossible dans une période où les conditions de vie étaient aussi rudes !-, mais qu'ils considéraient naturel que les femmes soient à l'initiative de beaucoup de choses dans les rapports sociaux et amoureux, qu'un jeune marié rejoigne le foyer de son épouse et devienne membre de sa famille, par exemple –alors que le paradigme inverse sera plus tard une règle absolue. Aristote, d'ailleurs, à une époque pourtant plus proche –ce qui dénote des survivances tardives de la pensée traditionnelle- s'étonne beaucoup en voyant que les hommes celtes « *se laissent volontiers dominer par les femmes* », et ajoute même que « *cette tendance n'est pas rare parmi les races vigoureuses et guerrières* ». On voit ici le malentendu culturel à l'œuvre : tout philosophe qu'il soit, Aristote transpose sa grille de lecture, et voit une inversion du rapport de force, là où c'est la recherche d'équilibre entre les énergies masculines et féminines qui s'exprime dans les rapports humains. Il ne peut donc comprendre que les hommes celtes, loin de se soumettre à une quelconque domination d'une femme, voient en elle une voie vers la sagesse, puisqu'elle est, sur ce chemin, l'indispensable complément et l'ultime initiatrice... Ceridwen conduit Gwyon jusqu'à l'eau, qui est le portail vers l'Autre Monde, donc la voie vers la sagesse, signifiant par-là que la femme est la Porte, la voie ultime vers l'initiation, et que l'homme grandit, d'un point de vue spirituel, et donc dans son rapport aux autres et au monde, quand elle est son guide et son complément...

Il est intéressant de noter que la très patriarcale civilisation indo-européenne n'a jamais cessé d'attacher une importance cruciale à l'énergie féminine sous toutes ses formes, y compris et surtout sur la terre où elle a pris naissance, sur les bords du Gange. En effet, tout ce qui conditionne l'accès au sacré ou la structuration de la société prend en Inde un aspect résolument féminin et maternel, et on entendra facilement parler à Bénarès, la ville a plus sacrée du pays, car Shiva y a offert la possibilité de se libérer du cycle des réincarnations, de « *Notre Mère l'Inde, Notre Mère le Gange, Notre Mère Kali, Notre Mère Dourgha...* ». En Inde, comme dans la spiritualité des anciens Celtes, la Mère, la Déesse, apparaît à la fois avec le visage souriant et bienveillant de Dourgha et le visage terrible de Kali : l'énergie féminine, quand elle est une voie vers la spiritualité, allie à la fois la douceur que nous lui associons spontanément et une dimension plus agressive, ce qui est nécessaire pour donner l'impulsion, créer l'action, faire exister... La Déesse qui donne la vie et son amour n'est pas différente de la Sombre Déesse qui la reprend -d'autant qu'elle la redonnera ultérieurement, dans ces civilisations profondément marquées par l'idée de réincarnation : c'est d'ailleurs ce que fait Ceridwen, avalant Gwyon, puis le portant en son sein avant de lui donner la vie. Si la Déesse est le Passage, elle est plus que l'ultime initiatrice : elle est l'unique initiation.

Mais détaillons cette ultime transformation de Gwyon et de Ceridwen, celle qui les fait passer par l'élément Feu et le domaine de l'intuition. A la quatrième transformation, quand Gwyon devient grain de blé, il se dissimule parmi d'autres grains de blé, ce qui indique sans erreur possible que nous sommes au début de l'automne, à l'époque de la moisson. Rappellons que, si cette saison atteindra son point culminant vers le 22 septembre, à l'Equinoxe, elle débutait, pour les Celtes, six semaines plus tôt, c'est-à-dire le 1er août, donnant lieu à la fête de Lugnasad. Toutes les religions de la Terre, ou leurs héritières, ont toujours particulièrement célébré les moissons, gage de survie pour l'année à venir ; ainsi, dans la religion juive, Chavouot, tout en célébrant le Don de la Torah, perpétue le souvenir d'une tradition plus ancienne, liée à la célébration de la récolte du blé. On objectera que Chavouot est en juin, et non en août, mais la différence de climat explique le décalage de la date des moissons, sans affecter la signification sociale et symbolique semblable de ces deux fêtes.

Ce n'est pas un hasard si l'ultime voyage de Gwyon à travers les éléments prend fin à l'époque des moissons : c'est la période où l'on récolte le fruit de ses efforts de l'année, avant une période de repos, d'introspection et de maturation. Cette phase « hivernale » aura lieu, pour notre héros, dans la matrice de Ceridwen, donc dans le sein de la Déesse, qui cesse d'être menaçante pour se transformer, au fil de cette période, en mère nourricière et bienveillante. Gwyon meurt symboliquement quand il est avalé par la poule noire, mais il commence symboliquement sa transition et sa transformation, nécessaires pour accéder à une vie nouvelle, exprimant ainsi pleinement le paradoxe automnal : la mort du blé en tant que plante, quand il est coupé, est indispensable pour conduire à la renaissance et à la transformation qui se produisent lors de la fabrication des premières miches de pain, espoir de vie pour toute la communauté.

D'ailleurs, un détail est, sur ce point, pleinement significatif : Gwyon ne se transforme pas en gerbe de blé poussant dans les champs, mais bel et bien en grain de blé, qui vient d'être vanné et battu –et il l'a en quelque sorte été, au travers des épreuves qu'il a traversé. Le blé est, lors de la moisson, séparé de la menue paille, et le résultat de tous ces efforts illustre en quelque sorte la loi de cause à effet, exprimée par Jésus lorsqu'il dit *« Comme vous semez, ainsi récolterez-vous »*, ou, dans une tradition plus ancienne, dans le *Livre des Morts* égyptien, lorsque le Dieu Thot déclare : *« La vérité est la faux qui moissonne. Ce qui est semé –amour ou colère ou amertume- c'est de cela que sera fait votre pain. Le blé ne vaut pas mieux que sa graine, donc faites en sorte que ce que vous plantez soit bon »*. La célébration des moissons est donc, en tout temps et en tous lieux, celle d'une éthique de la responsabilité, qui est fondamentalement celle du karma, quand il est bien compris, comme une dynamique d'apprentissage, et non une logique de punition. La moisson est l'époque où la Terre même nous apprend le mystère de la réincarnation –et, comme nous l'avons vu, la Terre, essentiellement féminine, est la Déesse ; c'est donc bien, encore et toujours, le principe féminin qui conduit notre initiation, d'une vie à l'autre.

Une fois le blé dûment séparé de la paille, son sort est scellé, et sa transformation, inéluctable : il sera moulu et transformé en farine pour faire du pain, ou conservé et utilisé comme semence de printemps. Dans les deux cas, il subira donc un processus alchimique de transformation au sein d'une matrice sombre et bienveillante, que ce soit celle du four où gonfle et dore le pain ou celle de la terre, où le blé germine et se fait épi. Comment ne pas faire le parallèle avec Gwyon qui, quand il devient grain de blé, voit sa destinée immanquablement décidée, passant par une transformation et une renaissance sous la forme d'un être différent, qui aura grandi ; Taliesin est présent en germe dans Gwyon comme le pain dans le grain de blé. Le pain, pour les premières sociétés agricoles et jusqu'à l'orée du XXème siècle, est le symbole de vie par excellence, et le Christianisme ne l'oublie pas, puisque dans *Jean 11 :23-24*, la mort et la résurrection de Jésus sont en claire analogie avec l'expérience automnale de Gwyon : « *L'heure est venue pour le Fils de l'Homme d'être glorifié. Amen, amen, je vous le dis : Si le grain de blé tombé en terre ne meurt pas, il reste seul; mais s'il meurt, il donne beaucoup de fruits* ».

Ce passage du mythe de Taliesin exprime le fait qu'à un moment donnée de notre évolution spirituelle, pour la poursuivre, il faut savoir de détacher de toutes les choses qui, dans nos cœurs, nos esprits et nos vies, ne sont pas absolument nécessaires. Cela peut être vu comme l'injonction à une ascèse stricte ou plus symbolique, vécue sur le mode de « ne pas attacher une importance démesurée à ce qui n'en a pas vraiment ». Mais, pour déterminer ce qui est réellement important pour nous et ce qui ne l'est pas, encore faut-il se connaître ; c'est pourquoi ce détachement ne survient qu'à l'issue du passage par les quatre éléments, après avoir apprivoisé notre nature terrestre et corporelle, notre dimension émotionnelle, liée à l'Eau, notre intellect, symbolisée par l'élément Air, et enfin le Feu de notre intuition. C'est peut-être aussi un peu le message inscrit au fronton du Temple de Delphe, et approfondi par Socrate, qui nous enjoint de chercher à nous connaître pour progresser d'un point de vue spirituel, via cette célèbre maxime : « *Connais-toi, toi-même : tu connaîtras l'Univers et les Dieux* ». Mais Pythagore nous rappelle aussitôt que c'est le chemin qui compte, même si le but n'est jamais garanti, répondant, quand on lui demande si il est un sage : « *Philo Sophos* »[57]. C'est d'ailleurs là l'origine du mot philosophe : celui qui aime la sagesse et la cherche, pas celui qui est persuadé de l'avoir atteinte et de n'avoir plus rien à trouver. En ce sens, les druides, dont ce conte montre à quel point ils sont attachés à une progression cyclique et

---

57   « J'aime la sagesse »

sans cesse poursuivie, en lien avec les cycles de la vie, étaient sans l'ombre d'un doute des philosophes. Au moment de la récolte de ce que nous a valu notre parcours spirituel, il nous faut donc faire un pas dans l'hiver, vers une certaine forme de dépouillement, et n'accorder que leur juste valeur aux choses. C'est aussi le message biblique de *L'Ecclésiaste –Qohelet*, en hébreu- où il est écrit : « *Vanité des vanités, tout est vanité* », qui traduit bien à quel point la valeur de la vie dépasse le simple agrément de l'existence.

Pour avancer plus loin dans la recherche de la part spirituelle de nous-mêmes, il faut donc, à un moment donné, savoir revenir sur notre itinéraire pour comprendre ce que nous voulons en réalité, au-delà des envies superficielles : l'amour ? La sagesse ? L'illumination ? La réalisation de notre potentiel créatif ? D'une mission précise sur Terre ?

Puis il nous faut comprendre ce qui nous empêchait auparavant d'atteindre ces buts, et ce qu'il nous fallait changer pour y parvenir. Ceci fait, le conte nous a déjà appris que nous ne pouvons pleinement nous réaliser auprès d'une Aman Cara, d'une âme amie qui nous comprend, nous guide et nous complète ; quand ce rapport est réciproque, le bénéfice est bien entendu exponentiel pout les deux protagonistes, car la progression de l'un sur son chemin fait nécessairement progresser l'autre, et réciproquement, leur permettant d'atteindre ensemble, sur tous les plans de l'existence, plus qu'ils n'auraient pu réaliser et se réaliser séparément.

Pour atteindre ce point de notre évolution, le mythe de Taliesin montre qu'il nous a fallu nous mettre en rapport avec notre part de sagesse innée –symbolisée par Morda-, puis apprendre à connaître notre Moi blessé, et accepter notre nature féminine –ce dernier point étant beaucoup plus complexe, dans notre société qui survalorise les valeurs masculines, qu'il ne pouvait l'être dans la société celtique ou préceltique qui a vu naître ce conte, et plus encore pour les hommes, de longue date peu encouragés à se connecter à leur part féminine et à leurs émotions (et qui ont donc intérêt à ce que leur âme amie ait, sur ce point, un bienheureux effet compensatoire, sous peine que l'impossibilité à se connecter à une part d'eux-mêmes n'entrave leur évolution). Là encore, la femme, plus proche de sa nature profonde, est en quelque sorte plus proche de la Divinité, et donc le chemin vers elle, etc... Cela est d'ailleurs peut-être symboliquement inscrit dans l'ADN : alors que le marqueur de la féminité est XX, celui d'une personne de sexe masculin est XY ; or, par son dessin même, qu'est-ce qu'un Y, sinon un X incomplet, dont la béquille manquante serait essentiellement la connexion à la part féminine et émotionnelle de sa psyché ?[58]

Comme Tamino et Pamina dans *La Flûte Enchantée*, de Mozart, et qui doit son livret à Lorenzo Da Ponte –opéra maçonnique s'il en fût !- Gwyon et Ceridwen ont donc entrepris un voyage à travers les quatre éléments, et un voyages comportant, à bien des égards, des épreuves initiatiques. C'est le parcours que vit celui –ou celle- qui rejoint la Franc-Maçonnerie ; c'est, plus ou moins consciemment, le chemin sur lequel s'engage toute personne souhaitant réaliser pleinement ses aspirations spirituelles. Ce voyage à travers les éléments en compagnie d'Animaux de Pouvoir est aussi la voie de sagesse de la Roue de Médecine des Amérindiens, parfois abusivement comparée à nos horoscopes par des ouvrages de vulgarisation un peu hâtifs, mais qui s'en différencie essentiellement par sa dimension dynamique et philosophique : c'est d'évolution qu'il est ici question, et non pas d'enfermer l'individu dans un déterminisme restrictif, qui est précisément ce dont il doit se libérer. En accomplissant ce voyage initiatique, nous découvrons, développons et harmonisons nos natures sensuelle, émotive, intellectuelle et intuitive, suivant la danse du lièvre et de la levrette, du saumon et de la loutre, du roitelet et du faucon, puis de la poule et du grain de blé, avec tout ce que cet enchaînement est susceptible de nous apprendre sur le plan symbolique, matériel et spirituel. Et ce voyage nous conduit à la récolte, à cette bienheureuse moisson déjà évoquée, déjà prélude à autre chose...

Cette autre chose qui passe par le dépouillement, réel ou symbolique, peut aussi se comprendre comme le fait de savoir apprécier pleinement les choses simples et essentielles de la vie : voir grandir son enfant, le serrer dans ses bras et respirer dans ses cheveux l'odeur si douce des tout-petits, contempler un coucher de soleil auprès d'une personne pour qui on éprouve une compréhension instinctive, vivre un aujourd'hui qui permette de se

---

58   Cette dernière remarque est en partie humoristique : les lettres désignant l'ADN sont bien entendu une convention ou un symbole. Mais le choix d'un symbole, même inconsciemment, peut être lourd de sens, comme tout cet ouvrage en fait la démonstration...

dire que tout serait bien si demain y ressemblait... Ce que nous apprend la dimension initiatique du parcours qui, dans le conte, mène à cela, c'est que la démarche peut être volontaire, et que rien ne nous oblige à attendre un âge avancé de la vie, voire même la mort, pour se libérer du fardeau des souvenirs devenus caducs et des liens qui nous font stagner, et choisir de devenir soi-même, pleinement, avec tous les bienfaits qui en découlent en termes de réalisation de soi, sur tous les plans de l'existence. Revenir en pensée sur les années écoulées, savourer ses souvenirs, puis les laisser s'en aller pour construire autre chose est, à ce titre, une démarche salvatrice, et une forme d'ascèse qui ne consiste pas à « avoir » moins, mais à « avoir » mieux, et surtout à « être » mieux.

La poursuite est en elle-même un thème récurrent dans notre quotidien : ne passe-t-on pas sa vie à courir après quelque chose -et déjà bien heureux quand nous savons après quoi- ? Nous sommes tous à la recherche de quelque chose, qu'il s'agisse d'amour, de richesse, de renommée, de distractions... Ce thème sera repris, à l'époque médiévale, dans les sagas arthuriennes, d'inspiration indéniablement celtique, où la Quête du Graal occupe, au final, les meilleurs chevaliers de leur temps durant deux générations. Et qu'est ce Graal qu'ils recherchent ? Une coupe -donc un symbole féminin lié, à l'instar du chaudron de Ceridwen, à la matrice de la Déesse- qui apportera à celui qui la découvrira l'Illumination divine... Symboliquement, la voie de l'initiation passe, une fois de plus, par une dimension féminine, alors même que les héros de cette épopée chevaleresque sont immanquablement des hommes.

La poursuite de Gwyon par Ceridwen est plus qu'un « voyage du héros » : même si l'idée générale est la même, la dimension effrayante de chasse qu'elle comprend lui donne un plus grand réalisme, en fait un vécu de chair et sang à l'issue duquel Ceridwen devient enceinte. C'est l'idée centrale des religions de la Terre qui est ici illustrée : la voie de la réalisation spirituelle n'est en rien désincarnée. Elle s'inscrit dans la matière et dans la corps pour s'inscrire dans le temps, d'où l'importance de la notion de lignée et de transmission. D'où, aussi, probablement, le sentiment de complétude attaché à la maternité, mais aussi, même s'il est plus rarement exprimé, à la paternité : il s'agit, plus que d'une complétude physique, d'une complétude spirituelle -et l'on n'est pas complet quand on est fini, on ne peut l'être que dans le dépassement, en existant encore après soi.

Ce que l'on sait de la pensée druidique permet de supposer qu'à leurs yeux, l'enfant est celui qui aura la charge et le privilège de réaliser la synthèse de la vision de la vie de son père et de celle de sa mère, traçant ainsi son propre chemin tout en prolongeant les leurs, en ayant la chance, en quelque sorte, de partir de plus haut du point de vue spirituel, donc d'avoir moins de chemin à parcourir que chacun de ses géniteurs pour atteindre la sagesse et l'inspiration. La Quête, le chemin vers la divinité, n'est, au final, jamais interrompue, puisqu'en plus de sa dimension individuelle, elle s'inscrit dans la lignée sous la forme d'une courbe ascendante. Et comme la lignée est à la fois maternelle et paternelle, cette courbe est une double ellipse, comme celle de l'ADN...

La poursuite de Gwyon par Ceridwen, qui s'annonçait comme une chasse à mort, était donc finalement un chemin de vie et de réalisation, pour l'un comme pour l'autre. Mais ce rebondissement du récit n'est pas une fausse piste, c'est l'expression d'une vérité spirituelle profonde : la mort ouvre le chemin vers la renaissance. Sur ce chemin de réalisation, qui en est un tant pour Gwyon que pour la Déesse, chacun a besoin de l'autre, et nul ne parviendrait à grandir sans le concours de l'autre. Il faut s'en souvenir dans la mesure où, dans nos relations interpersonnelles, surtout si l'on en regarde rétrospectivement les prémices, cette notion de poursuite, de chasseur et de proie -sans dimension péjorative, mais symbolique-, peut parfois émerger, et qu'il est aisé d'en tirer des conclusions erronées, sauf à se poser les bonnes questions. Qui est le chasseur, a priori, et qui est la proie ? Et qui détient le pouvoir, d'ailleurs, le chasseur ou la proie ? N'est-ce pas un équilibre à réinventer à chaque instant ? Sommes-nous conscients, en dehors de toute relation de pouvoir ou d'influence, de notre degré d'interdépendance ? Ce petit exercice peut réserver bien des surprises, et amener à regarder d'un œil neuf les relations centrales de nos vies. Si chacun apporte un plus à l'autre, et la possibilité de sa réalisation, comme c'est le cas entre Ceridwen et Gwyon, les obstacles extérieurs sont finalement de bien peu d'importance. De ce point de vue, la leçon de la poursuite, dans le conte, est celle de la valeur de persévérance : si la loutre avait, par exemple, cessé de poursuivre le saumon, Gwyon n'aurait pas poursuivi son voyage à travers les éléments, et n'aurait pas atteint la pleine illumination. Mais, en même temps, elle se serait privée sans le savoir de la réalisation de son vœu le plus cher : mettre au monde un fils qui serait digne d'incarner le Dieu, complément de la

Déesse. Le mythe nous apprend donc que la réalisation de nos buts profonds, ceux qui ressemblent à un chemin de vie et à une destinée, valent la peine que l'on persévère par-delà les obstacles conjoncturelles ou relationnels -et que la récompense est à la mesure des efforts-.

D'un point de vue plus léger, on peut aussi dire que cette poursuite exprime une vision anti-machiste de la dynamique de séduction, le rôle très actif de Ceridwen, qui lance la poursuite, traduisant le fait qu'il est biologiquement légitime, par-delà les usages sociaux, qui le sexe qui enfante et nourrit ait le rôle prépondérant dans le choix du partenaire et dans la séduction.

Un paradigme très naturellement vécu par les anciens Celtes, qui y voyaient un parallélisme avec le monde animal, où c'est le plus souvent la femelle qui émet les signaux qui déclenchent la cour ; un paradigme sans doute un peu plus compliqué à admettre pour la majorité des hommes à notre époque... même si un regard extérieur sur beaucoup d'histoires de couple laisserait à penser que seules les apparences changent, tandis que la réalité reste immuable.

La dynamique de chasse existe en toute logique aussi bien chez l'homme que chez la femme, et cette dynamique, nous le savons tous, peut parfois survivre à la naissance d'un couple. La recherche d'un partenaire étant, d'un point de vue spirituel, une recherche de sens, cette dynamique se poursuit jusqu'à ce que l'on ait trouvé la personne qui, précisément, fait entrer cette signification dans notre existence, cette dimension transcendante qui donne la sensation, au-delà de l'union avec un autre être humain, d'union avec la meilleure part de soi-même, avec la Déité ou avec la Vie elle-même. Ne plus identifier en soi la dynamique de chasse traduit donc bien le fait d'avoir atteint un degré de maturité, mais cette maturité intérieure dépend le plus souvent d'un degré de complétude apportée par le rapport à l'autre, mais pas n'importe quel autre : un autre qui est le meilleur de nous, et déclenche donc en nous, spontanément, ce travail de l'âme qui est individuation et accomplissement de son destin spirituel. C'est bien ce que Ceridwen et Gwyon sont l'un pour l'autre : ils se guident mutuellement vers eux-mêmes.

On peut objecter que certains se détachent des passions et de cette dynamique de chasse par la seule volonté, sans qu'une relation interpersonnelle n'intervienne. C'est même un chemin d'ascèse recommandé par certaines religions, notamment le Catholicisme Romain, qui en a fait une obligation absolue pour les prêtres[59], les moines et les nonnes. Toutefois, il n'a jamais été démontré -et comment le pourrait-on?- qu'une telle restriction n'était pas un frein à l'évolution spirituelle des personnes concernées, qu'elles ne se créaient pas ainsi une sorte d'infranchissable plafond de verre. Platon, dès l'Antiquité grecque, n'écrivait-il pas que nous étions autrefois des êtres doubles, reliés par le nombril, et qu'un dieu, pour punir les hommes, les ayant séparés en deux moitiés, notre chemin spirituel passe nécessairement par la complétude, donc par le fait de retrouver notre moitié originelle, l'être qui nous complète, d'un point de vue archétypal -que le philosophe nomme le Monde des Idées- ?

Il peut aussi parfois s'agir de personnes qui, sans renoncer au couple, renoncent à rechercher ou à conquérir leur véritable complément, se contentant d'un succédané, qu'elles aient cédé à la pression sociale ou simplement échangé des fragments de leur rêves contre des promesses de sécurité. Dans ce cas, au bout de quelques années, la réalité se résume le plus souvent à la cohabitation de deux amertumes, ce qui n'est évidemment un chemin d'épanouissement pour personne. La Poursuite n'est pas aveugle, n'admet pas le renoncement, et ne doit pas non plus conduire à se contenter de la proie la plus facile : attendre et atteindre le bon Autre, persévérer, c'est aller au bout de soi-même, et c'est ce qui permet de grandir -spirituellement et dans sa sérénité quotidienne-.

Renoncer à la poursuite de Gwyon et de Ceridwen, c'est comme estimer que le Yin peut exister sans le Yang, la chaleur sans le froid, la nuit sans le jour, et vice versa. C'est renoncer à la danse extatique du Dieu et de la Déesse, à la danse de la Création elle-même. Or, comme nous l'avons vu, le chemin de l'illumination est le chemin de l'inspiration, de la divine impulsion créatrice : vivre chaque aspect de la vie, accomplir le voyage symbolique à travers

---

59   Le célibat, pour les prêtres séculiers, ne deviendra progressivement une obligation qu'à partir du XIme siècle, non pas pour des raisons morales, mais pour des motifs économiques : en empêchant les prêtres de se marier et d'avoir une descendance, on a aussi imposé le fait que leur héritage devait, de ce fait, revenir à l'Eglise, qui a ainsi considérablement accru sa richesse.

les quatre éléments, rapproche donc automatiquement beaucoup plus de la Divinité que tout renoncement. Les Dieux, comme nous l'avons vu, ont d'ailleurs eux-mêmes besoin de se confronter à notre nature humaine pour évoluer. La chasse de Gwyon par Ceridwen nous dit donc aussi que nous ne sommes pas des êtres spirituels en dépit de notre nature humaine, mais grâce à notre nature humaine, en assumant et en incarnant pleinement celle-ci.

Quand la poule noire avale Gwyon, devenu grain, nous savons pleinement qu'il n'est pas, ou n'est plus, seulement un jeune héros lancé dans une périlleuse quête initiatique : il est le Dieu, l'indispensable complément de la Déesse. En fait, il est le Dieu Sacrifié de la Récolte, illustrant ainsi un mythe attesté dans tout le Proche et le Moyen Orient, ainsi que dans le bassin méditerranéen. Ceridwen étant, comme nous l'avons vu, la déesse de la terre nourricière, l'indispensable complémentarité, symbolique et énergétique, se trouve ainsi pleinement illustrée : elle est la Terre qui a englouti le grain de blé pour lui redonner naissance, transformé et transcendé.

Le chaudron de Samhain, ou le creuset de la renaissance à l'aube d'une ère nouvelle

L'un des éléments centraux de la célébration de la fête de Samhain qui marque, chaque année, le Nouvel An du calendrier celte, le 1er novembre[60] –bien que les célébrations durent trois jours-, est le chaudron, forme archétypale de la Terre Mère et évoquant comme elle la nourriture et le maternage, et donc étroitement lié à Ceridwen. Le chaudron, pourtant, ne sert pas uniquement à l'alimentation : sa symbolique est étroitement liée à l'idée de la renaissance, qui est alors vue comme une nouvelle maturation, presque une nouvelle cuisson, impliquant de se retirer dans un lieu fermé pour se transformer, puis resurgir, transcendé. Le mythe de Taliesin illustre particulièrement bien cette symbolique, puisque les transformations de Gwyon sont précédées de la consommation du contenu du chaudron – les trois précieuses

---

60   Durant les trois jours de Samhain, le voile entre les morts et les vivants devient plus ténus, et ceux-ci peuvent alors, pour les Celtes, franchir la porte vers notre monde... d'où l'antique coutume des déguisements effrayants, que poursuivent les enfants en se costumant pour Halloween : le but originel était d'effrayer les morts pour les inciter à repartir dans leur domaine à l'issue de cette période fatidique.

gouttes de l'Awen-, sans lequel tout le processus qui suit, et qui le conduit à devenir Taliesin, n'aurait pu avoir lieu. Il est finalement avalé par Ceridwen, la déesse de la transformation, dont la matrice est aussi le chaudron, et devient ainsi un initié au cœur et à la personnalité modifiés dans ce creuset alchimique.

On peut voir là la symbolique d'une exigeante initiation au sein d'une école de sagesse ou, en transposant à une autre époque et à un autre contexte spirituel, considérer que Gwyon vit une initiation maçonnique, passant à travers les quatre éléments avant d'incarner chaque injonction de la formule V.I.T.R.I.O.L. - *Visita interiora terrae rectificando invenies occultum lapidem*[61] -, présente dès le cabinet de réflexion : il visite l'intérieur de la terre - c'est son séjour dans la matrice de Ceridwen, Déesse de la Terre – et durant ce temps se rectifie –se transforme-, c'est-à-dire qu'il transcende sa nature de matière vile pour devenir un être pleinement réalisé, Taliesin, dont la sagesse est d'or. Il a ainsi accompli le Grand Œuvre alchimique, et accomplir le Grand Œuvre, c'est... trouver la pierre philosophale, la pierre cachée. En effet, s'agissant de l'alchimie, on a toujours estimé qu'à côté de sa branche très enracinée dans la matière et intéressée par la transmutation des métaux, existait une branche plus philosophique, qui s'intéressait, elle, à la transmutation de l'âme humaine... une alchimie initiatique, en quelque sorte, où la pierre philosophale se trouve sur le chemin de la croissance spirituelle.

Pourquoi le chaudron de Ceridwen, déesse de la renaissance, se trouve-t-il associé à Samhain, qui marque l'entrée dans la période hivernale, plutôt synonyme de mort de la Nature ? Tout simplement parce que, durant l'hiver, la mort de la Nature n'est qu'apparente, et surtout provisoire, puisqu'elle se repose dans les entrailles de la Terre (le ventre de la Déesse), avant de renaître, transcendée, lors de la floraison printanière... La Nature enseigne donc qu'il faut mourir pour renaître et pour grandir. En ce sens, toute épreuve, tout ce qui force à plonger dans les profondeurs de soi-même, est un chemin pour grandir et une occasion de progresser ; l'épreuve est transformation, et il n'y a pas de transformation sans épreuve. C'est ce que comprend d'ailleurs, dans une autre tradition, celle du Bouddhisme, Siddhartha Gautama, quand il quitte le confort de son palais pour aller se

---

61   « Visite l'intérieur de la terre, et en rectifiant, tu trouveras la pierre cachée »

confronter au temps, à la maladie et à la mort avant d'atteindre la sagesse : c'est ce qu'on désigne sous le nom de Grande Renonciation. Il trouve ainsi la voie de l'Eveil, notion très similaire à celle de l'illumination qui fait de Taliesin un barde pleinement réalisé, empli de talent, de sérénité et de sagesse.

Il est intéressant ici d'évoquer la précession des équinoxes, qui fait changer les âges tous les 2 160 ans au sein d'une Grande Année, qui en fait donc 25 920, et qui lie chacun de ces Grands Mois à un signe astrologique. Beaucoup d'auteurs, historiens comme astrologues ou théologiens, ont associé ce symbolisme à celui de la religion dominante de son époque : l'Ere du Taureau voit ainsi se développer le culte d'Apis et Egypte et celui de la vache sacrée en Inde ; l'Ere de Bélier sera celle où s'épanouira le Judaïsme, celle où Dieu envoie à Abraham un agneau à offrir en sacrifice en lieu et place de son propre fils, tandis qu'à la même époque, Amon, dieu à tête de bélier, règne sur la Terre des Pharaons. L'avènement du Christianisme est ainsi lié à l'Ere où le point vernal est revenu en Poissons[62], qui deviendra ainsi le signe de reconnaissance et le symbole des premiers Chrétiens. Influencée par un signe lié à l'élément Eau, le Christianisme mettra volontiers l'accent sur la dimension émotionnelle du rapport au divin, sur une foi qui se suffit à elle-même et où le mot « amour », donc une émotion, prend une place prépondérante. Si Judaïsme, tout comme le Christianisme, insiste tout particulièrement sur la notion de fraternité, par exemple, le contenu de cette notion est différent dans les deux religions, car la fraternité portée par le Feu de l'Ere du Bélier prend ses racines dans la Loi et dans la solidarité nécessaire pour préserver et faire prospérer la lignée d'Abraham, d'Isaac et de Jacob, comme il est précisé dans la Genèse 15:5 : *« Et après l'avoir conduit dehors, il dit: Regarde vers le ciel, et compte les étoiles, si tu peux les compter. Et il lui dit: Telle sera ta postérité »*. La fraternité du Christianisme, elle, portée par l'Eau de Poissons, s'appuiera sur l'empathie qui conduit à la Charité, troisième vertu théologale, après la Foi et l'Espérance.

Que contiendra le chaudron où nous irons puiser notre inspiration spirituelle durant l'Ere du Verseau que nous abordons à

---

62   Quand on parle de précession des équinoxes, la roue des signes tourne en sens inverse que pour l'établissement des horoscopes : on aura don successivement : Poissons, Verseau, Capricorne, Sagittaire, Scorpion, Balance, Vierge, Lion, Cancer, Gémeaux, Taureau et Bélier. Puis le cycle recommence…

peine ? Quel regard prophétique peut-on porter sur la forme que prendra l'inspiration mystique durant les deux millénaires à venir ? Cela est bien difficile à deviner alors que nous n'en sommes qu'aux prémices, mais les symboles zodiacaux nous apportent d'intéressantes indications. Notons, tout d'abord, que le Verseau est un signe d'Air, lié à l'intellect, et non un signe d'Eau comme on pourrait à tort le supposer : nous quittons donc une ère où la spiritualité dominante prenait appui sur l'émotionnel pour entrer dans une époque où le savoir pourrait devenir la voie royale vers l'inspiration divine. Un nouveau paradigme qui laisse présager un recul du Christianisme, basé sur l'émotion, et surtout de l'Islam, qui prône une soumission bien peu compatible avec la valorisation de l'intellect, donc de la réflexion personnelle dans le domaine théologique. Cette perspective est nettement plus encourageante pour le Judaïsme qui, ayant toujours prôné et mis au cœur de la vie quotidienne l'étude, le savoir et la transmission, pourrait trouver un nouvel épanouissement et une nouvelle reconnaissance dans une Ere du Verseau dont il partage bien des valeurs. La fraternité du Verseau ne sera pas celle de la Loi, elle sera celle de l'intellect ; mais étudier et comprendre les mêmes Mystères, même par des chemins divers, n'est-ce pas évoluer au sein d'un même ordre divin, d'une même Loi divine, même si elle prend des noms différents ?

Le porteur d'eau, symbole de notre Ere nouvelle, ne porte donc pas d'eau dans sa cruche, mais l'élément dont son signe est l'un des symboles, en l'occurrence de l'air. Mais cet Air est contenu dans un récipient : il s'agit donc d'air figé, et cela est moins encourageant, car on peut y voir le signe d'un intellect figé, donc probablement enfermé dans des systèmes de pensée dont il lui sera difficile de s'affranchir, que ce soit au niveau politique, scientifique ou philosophique. Ce que nous semons au début de cette ère pourrait, pour le meilleur ou pour le pire, accompagner longtemps nos descendants, pour qui la valorisation de l'intellect pourrait ne pas s'accompagner d'une valorisation égale de la créativité et de l'innovation. L'Homme, qui porte l'intelligence contenue dans une cruche fabriquée par l'Homme, devient ainsi la mesure de toutes choses, mais il faut souhaiter que le symbole du Verseau comprenne, en filigrane, le vent divin de l'inspiration, et d'un peu de l'anticonformisme si souvent attaché à ce signe.

La cruche est le Chaudron, et c'est donc d'intelligence que celui de notre nouvelle ère déborde. De ce point de vue, celui de la

Grande Année, le chaudron est la matrice de la renaissance du monde, et tout changement y est programmé : ce qui advient doit être attendu, individuellement et collectivement, et les qualités nécessaires pour y faire face doivent être développées. En ce sens, à l'entrée d'une ère qui s'annonce symboliquement comme celle de l'intellect, il semble plus important que jamais de renouer avec une démarche spirituelle –qu'elle soit religieuse ou non, d'ailleurs, tant qu'elle permet à l'être humain de faire grandir la part du divin en lui-. *« Science sans conscience n'est que ruine de l'âme »*, écrivait François Rabelais, et on ne saurait mieux dire, surtout à notre époque où la science peut toujours plus, et pourra de plus en plus. Si nous ne voulons pas voir l'humanité se blesser sur l'autel de ses propres jouets épouvantables, il faut garder à l'esprit que le sage n'est pas seulement celui qui sait, intellectuellement, mais plutôt celui qui comprend, avec les qualités intrinsèques des quatre éléments, prenant en compte les réalités concrètes de la Terre, la dimension émotionnelle de l'Eau, le savoir de l'Air et l'intuition du Feu.

Pour en revenir à Samhain, il y a beaucoup à dire tant le symbolisme de cette fête est riche. On peut tout d'abord constater que Samhain se situe juste en face –donc symboliquement à l'opposé- de Beltane sur la Roue de l'Année, -cette Roue où l'on situe les huit fêtes celtiques et leur éternel recommencement... encore un lien avec le chamanisme amérindien et sa Roue de Médecine ; encore un lien avec l'idée de renaissance et d'éternel retour inscrite au plus profond des religions de la Terre-, et qu'elle en est donc en quelque sorte le double sombre. Point culminant de la période, qui s'étend en fait du 15 octobre au 10 novembre, où le voile entre les mondes est considéré comme le plus ténu, Samhain est propice à la divination, ce qui lui a valu sa réputation de « Nouvel An des sorcières ». Pourtant, l'Eglise catholique, tout en voyant d'un mauvais œil ces jours dédiés à la divination, a conservé l'idée que cette période de l'année était propice aux interactions entre les vivants et les morts, en situant le Jour des Défunts pile à ce moment, le 2 novembre. Et ce n'est pas un hasard si les terres qui se souviennent le plus de leurs racines celtes, comme la Bretagne, l'Irlande ou l'Ecosse, sont aussi celles où la célébration du 1er novembre, fusse sous la forme de la Toussaint, a conservé le plus d'importance et le plus de solennité.

Si Beltane, le 1er mai, est la célébration de la vie, Samhain est la célébration de la mort, mais pas dans un sens lugubre, plutôt dans une logique de connexion avec notre patrimoine, de rappel du lien avec ceux qui nous ont précédé, d'illustration de l'idée de lignée – non plus la lignée que l'on prolonge à Beltane, fête liée à la fertilité, mais la lignée d'où l'on vient, celle où plongent nos racines-. Pour célébrer la Vie et entrer de plain-pied dans la Nouvelle Année, il faut donc d'abord célébrer les souvenirs que nous chérissons.

Si, avec l'institution de la fête d'Halloween, l'aliment symbolique de cette période est devenu sans conteste la citrouille ou le potiron, il n'en allait pas de même à l'époque celtique, où l'on consommait traditionnellement, pour Samhain, des pommes et du miel. La consommation d'aliments sucrés à la Nouvelle Année semble bien être une tradition universelle, très bien illustrée dans nos chocolats de Noël, mais aussi dans les dattes et le gingembre confit du Nouvel An chinois, les figues confites et la confiture de lait en Colombie, le Christmas Pudding irlandais, biscuits aux épices et vin chaud en Suède... la liste serait sans fin ! Il semble bien que c'est avec le Judaïsme que la corrélation des coutumes du Nouvel An est la plus étroite avec les Celtes, puisque l'on consomme traditionnellement à Rosh Hachana des pommes trempées dans du miel. Rien d'étonnant, d'ailleurs, à cette corrélation des traditions : la pomme et le miel sont présents sous tous les climats, se conservent aisément, et furent donc probablement, sous toutes les latitudes, les aliments sucrés non transformés que l'on était sûrs de trouver même au cœur de l'hiver, à l'époque très ancienne où les civilisations concernées voyaient probablement comme moins pérennes les produits transformés. Les religions de la Terre, comme toutes les autres traditions à travers le globe, à toutes les époques où l'on peut l'attester, ont voulu commencer l'année avec des aliments dont la saveur sucrée symbolise la douceur escomptée pour les mois à venir, et elles se sont très logiquement tournées pour cela vers des aliments naturels. Ce qui est intéressant à noter, c'est à quel point les coutumes les plus simples, ancrées dans un symbolisme immédiatement accessible, ont une propension à survivre, sous la même forme ou sous une forme très proche, même quand la spiritualité qui les a portées évolue... Combien de traces inconscientes de la religion des druides imprègnent ainsi probablement notre quotidien ? La réticence d'une large part de notre population à consommer du lapin, par exemple, ne fait-elle pas écho au caractère sacré du lièvre chez nos lointains ancêtres ?

Si Samhain est le Nouvel An des Celtes, la fête par excellence qui met en lumière le chaudron de Ceridwen, gage de renaissance et d'initiation à de nouveaux Mystères, il est intéressant, vu le décalage des calendriers[63], de s'intéresser aussi à Yule, la fête du Solstice d'Hiver, le 23 décembre, donc temporellement plus proche de notre Nouvel An –et aussi de Noël, ce qui n'est pas, comme nous le verrons, sans avoir un profond sens symbolique. Yule, donc, la fête du Solstice d'Hiver des Celtes, célèbre le jour le plus court de l'année, et la nuit la plus longue ; sa célébration se termine douze jours plus tard, et on peut voir là l'origine des Douze Jours de Noël, c'est-à-dire de la période de célébration qui sépare Noël de l'Epiphanie, et qui a été nécessaire aux Trois Rois Mages[64], après que l'Etoile ait annoncé la naissance de Jésus, pour se rendre à son chevet –événement que célèbre l'Epiphanie, ce dont on se souvient mieux en Espagne qu'en France, puisqu'en Espagne, ce n'est pas le Père Noël le 25 décembre, mais les Rois Mages –los Reyes Magos-, le 6 janvier, qui apportent des présents aux enfants comme ils en ont apporté à Jésus. Entre ces deux dates, prend place celle, symbolique, du 1er janvier, où l'on célèbre l'année nouvelle, le plus souvent sans se souvenir de sa signification liturgique ; le 1er janvier, huit jours après Noël, marque en effet le jour de la Brit Mila de Jésus – c'est-à-dire de sa circoncision, événement qui a invariablement lieu huit jours après la naissance. Outre le fait que cela montre l'importance qu'attachait le Christianisme à cet événement issu de la tradition juive quand il fut fait choix de cette date pour célébrer le Nouvel An, en 1564, on ne peut que noter la dimension arbitraire du choix de la date : il était impératif que sa célébration tombe huit jours après celle de la naissance du Christ, et la fixation de cette date-là a été pour le moins complexe, comme nous le verrons. Notons qu'auparavant, le calendrier romain, faisant débuter l'année le 1er mars, avait été un temps suivi –la numérotation de nos mois en garde d'ailleurs la trace : septembre est les septième mois, octobre le huitième, etc…-, avant qu'il soit fait choix de celle du 25 mars, donc déjà d'une date fixée par rapport à celle, arbitraire, de la naissance de Jésus, puisqu'il s'agissait de célébrer solennellement l'Annonciation[65], nécessairement neuf mois plus tôt. Durant le règne de

---

63   Rappelons que les solstices et les équinoxes marquent, dans le calendrier druidique, non pas le début des saisons, mais leur appogée
64   Melchior, Balthazar et Gaspard
65   Le jour où l'Archange Gabriel annonce à Marie qu'elle va enfanter le Fils de Dieu

Charlemagne, cette logique avait été suivie jusqu'au bout, puisque l'année débutait tout simplement à Noël, puis, à l'époque des premiers Capétiens, à Pâques –la naissance et la mort du Christ étant, après tout, à la fois les dates les plus significatives pour la Chrétienté, et en tous cas celles dont la symbolique était la plus immédiatement accessible à tous les fidèles.

On le voit donc, le choix de la date du Jour de l'An, d'une manière ou d'une autre, dépend, dans nos contrées, depuis plus de 1500 ans, de la date affectée à Nöel. Alors pourquoi se superpose-t-elle avec la fête de Yule et les célébrations solsticiales ? Signalons tout d'abord que la naissance de Jésus le 25 décembre ne correspond en aucun cas à un fait historique : il n'existait pas de registres d'état civil où que ce soit, à l'époque, alors la probabilité que cette date soit la bonne est de... 1/365, et ce d'autant que rien ne permet non plus de déterminer la date, ni même la saison, du Massacre des Innocents[66], qui aurait permis d'obtenir une bonne approximation. Il ne s'agit pas, non plus, d'une date destinée à affirmer une concordance avec les prophéties concernant le Messie qui abondaient à cette période, puisqu'elles s'accordaient à affirmer que celui-ci naîtrait le 13ème jour du mois de tishri (ce qui correspond globalement à fin septembre-début octobre : c'est variable, car nous nous référons ici à un calendrier lunaire) et mourrait le 13ème jour du mois de nissan (soit fin mars –début avril. Et cette tradition continue à être déterminante pour la fixation de la date de Pâques et des éléments du calendrier liturgique qui en découle). Le choix de fixer la célébration de la naissance du Christ le 25 décembre, et non à proximité de la date annoncée par les prophéties, a considérablement apporté de l'eau au moulin de ceux qui, issu du monde juif ou de courants chrétiens schismatiques, ne voyait pas en lui le Messie – l'autre argument étant que le Messie est censé être issu de la Maison de David ; or Joseph est bien de la lignée de David, mais ce n'est pas le cas de Marie, et Joseph étant de fait un père putatif, il devient difficile, dans ce cas, de considérer Jésus à la fois comme le Messie et comme le Fils de Dieu.

---

66   Hérode, qui craignait que la réalisation des prophéties annonçant l'arrivée du Messie ne remette en cause son pouvoir, avait ordonné le massacre de tous les enfants mâles de moins de deux ans – L'historicité de cet épisode, commémoré le 28 décembre, est cependant souvent remise en cause –ce qui le rend d'autant plus impossible à dater-, car il ne figure que dans l'Evangile de Matthieu, et pas dans les autres évangiles synoptiques.

La célébration de Noël le 25 décembre, à la période de Yule, n'allait donc pas de soi, et n'était pas sans poser de profondes interrogations par rapport aux fondements du dogme, aussi il faut bien se demander pourquoi ce choix s'est imposé, somme toute relativement rapidement, dès le IVème siècle. L'influence des druides ayant intégré les monastères pour préserver l'essence de leur savoir, pourrait constituer une explication tentante, mais elle est, en l'occurrence, tout à fait insuffisante. Beaucoup de civilisations, et notamment de civilisations très proches des rythmes de la Nature, ont fondé leur spiritualité sur l'archétype d'un dieu qui naît au Solstice d'Hiver : naître lors de la nuit la plus longue de l'année, c'est annoncer que les jours vont petit à petit recommencer à s'allonger, donc que la Lumière a vaincu les Ténèbres, que la Nature va renaître... Le dieu qui naît au Solstice d'Hiver est donc par essence un dieu d'espérance, et il est de plus tout à fait rationnel de fournir aux populations une raison de réunion festive et de réjouissance durant la période la plus déprimante de l'année, où toutes les activités, en particulier agricoles, se trouvent interrompues. Au nombre des enfants divins nés au Solstice d'Hiver, on compte Horus l'Egyptien, mais aussi et surtout Mithra, dont le culte était très populaire à travers toute l'Europe et le Proche Orient au début de notre ère : il fallut donc bien s'en inspirer pour amener les populations à la conversion en respectant non seulement leurs principaux mythes, mais aussi, et peut-être surtout, leur fêtes traditionnelles . Dans ce cadre, caler la date de Noël sur celle de la naissance de Mithra posait d'autant moins de problème que, pour les premiers Chrétiens, ce n'était pas la naissance de Jésus qui était le fondement de leur foi, mais bien sa mort et sa résurrection –donc la fête de Pâques, bien plus que celle de Noël. Aussi, l'analogie entre Jésus et Mithra est trop troublante pour ne pas résulter d'une volonté délibérée : tous les deux sont nés d'une vierge au Solstice d'Hiver, tous les deux sont mort, tous les deux sont ressuscités et promettent la résurrection... De plus, si Mithra est le Sol Invictus[67], Jésus est la Lumière et la Vie ; les mots sont différents, mais la symbolique est la même.

Mais, dans ce cas, pourquoi fêter Noël le 25 décembre, et non pas le 23, à la date exacte du solstice, comme le faisait le mithraïsme ? On peut supposer que, si Mithra était si populaire qu'il était nécessaire de s'inspirer de la symbolique de son histoire

---

67   Le Soleil Invaincu

et de son culte, il l'était tellement qu'il était plus sage de ne pas risquer que les deux se confondent, et cet infime décalage de deux jours pouvait permettre de faire une distinction et d'éviter tout syncrétisme inopportun. Un calcul très politique, en quelque sorte, mais il en va souvent ainsi quand il s'agit d'opérer un large basculement religieux dans une population : plus près de nous, en 1947, le Docteur Bhimrao Ramji Ambedkar, chargé par Nehru de rédiger la Constitution indienne, mit beaucoup d'énergie à encourager les conversions au bouddhisme –qui avait quasiment disparu du sous-continent indien au début du XIIIème siècle de notre ère- dans la population, non pas par un souci de prosélytisme forcené, mais parce qu'il voyait dans cette spiritualité qui prêche la préexistence de l'égalité entre les êtres humains le meilleur moyen de faire accepter largement la fin du système des castes, pour lui intrinsèquement lié à l'hindouisme[68], et qui imprégnait depuis des millénaires tous les aspects de la vie quotidienne et des rapports sociaux en Inde.

C'est donc à la popularité du culte de Mithra que l'on doit de fêter Noël le 25 décembre, à la période de Yule. Durant les célébrations druidiques du Solstice d'Hiver, une bûche, sorte de version intériorisée et ésotérique des grands feux du Solstice d'Eté, était l'un des éléments centraux, symbolisant en brûlant la renaissance du dieu solaire, puisque les jours vont à nouveau augmenter après cette nuit la plus longue. On peut d'ailleurs à bon droit y voir l'origine de notre bûche de Noël, qui fut d'abord une vraie bûche allumée solennellement au retour de la Messe de Minuit, avant de devenir le savoureux gâteau que l'on connaît. Comme à Samhain, la pomme est présente à Yule, mais plutôt sous forme de cidre chaud parfumé aux épices.

Revenons aussi sur le chiffre Douze, profondément lié, comme nous l'avons vu, à cette célébration, et profondément symbolique, à la fois en lui-même et parce que la somme des chiffres qui le compose –Un et Deux- permet de revenir au Trois, que nous avons déjà largement évoqué. Outre les douze jours de la fête de Yule et les 12 jours qui séparent la Nativité de l'Epiphanie, on peut ainsi évoquer les douze mois de l'année, les douze travaux d'Hercule, les douze tribus d'Israël, les douze Apôtres du Christ, les douze dieux

---

68   Il est permis de se demander s'il ne serait pas plutôt lié à l'influence historique des premiers Indo-Européens plutôt qu'à la religion, mais tenter de répondre à cette question nécessiterait ici une trop longue digression.

de l'Olympe, le chiisme duodécimain qui –comme son nom l'indique- reconnaît douze imams, les douze paires de côtes dans un corps humain, les douze étoiles du drapeau européen, les douze signes du zodiaque... Ce chiffre est très présent dans la Bible, et tout particulièrement dans l'Apocalypse, qui en est sans aucun doute le livre le plus étrange et le moins aisé à interpréter, même si l'on admet qu'il relève de la vision prophétique, et donc symbolique de Saint Jean, exilé sur l'île de Patmos lorsque qu'il rédigea ce texte cryptique. Comme souvent, la Bible historicise les symboles : pourquoi 12? Peut-être pour marquer la plénitude de l'espace -les quatre points cardinaux- et du temps - passé, présent, futur- ? Les Pères de l'Eglise renvoyaient en effet le chiffre 4 à la Création et 3 à la Trinité. Douze (4X3), c'est donc l'accomplissement du créé dans l'Incréé divin... On comprend dès lors son importance symbolique ! La Jérusalem Céleste a douze portes, et son rempart 144 coudées (12X12) de long, sans oublier les 144.000 élus : 12X12X1000, c'est le symbole d'Israël, multiplié par celui de l'Eglise, multiplié par le chiffre de la plénitude ; il ne s'agit donc pas d'un chiffre exact, mais de symboliser la multitude des Elus, et la civilisation judéo-chrétienne. Paul Claudel, auteur fort imprégné de mysticisme chrétien, évoquait ces chiffres en ces termes : *"144, c'est 12X12; 12 qui est 3 multiplié par 4, le carré multiplié par le triangle. C'est la racine de la sphère, c'est le chiffre de la perfection. Douze fois elle-même, la perfection au cube, la plénitude..."*

Le chaudron de la Samhain nous aura donc conduit, dans ce chapitre, jusqu'aux portes de la Jérusalem Céleste... Un beau chemin de renaissance à travers les célébrations hivernales, mais aussi, s'il en était besoin, un beau signe de la présence en filigrane de la pensée celte dans la civilisation judéo-chrétienne, du fait des convergences naturelles entre deux traditions spirituelles qui furent au départ des religions de la Terre pour le Judaïsme, et d'une influence discrète mais constante sur la formation de la pensée chrétienne des premiers siècle pour le Christianisme. Et, comme le Christianisme antique, c'est l'Eglise de Rome, on peut dire que la grande force des Celtes a été de conquérir leurs conquérants, qu'ils soient leurs vainqueurs militaires ou leurs successeurs religieux. Les religions de la Terre sont par essence résilientes : le Judaïsme a su survivre presque inchangé depuis des millénaires ; le druidisme a su faire en sorte que sa pensée survive même à sa propre destruction. Il est agréable et rassurant, en ces temps où l'état du monde est source d'angoisses individuelles et collectives, de savoir que plonger dans nos racines, c'est se souvenir que nous sommes le Phœnix, et que ce qui semble mourir à la Samhain reprend en fait des forces pour ressurgir, transcendé, au printemps...

Les déités de la récolte, ou savoir mourir pour renaître

Mourir pour renaître, transformé et transcendé, c'est s'inscrire dans la double thématique de la réincarnation et de l'initiation, et nous verrons que là aussi, dans les deux cas, la voie passe immanquablement par la Déesse. C'est ce que nous enseignent tous les mythes concernant le Dieu de la récolte, dont l'élément central est toujours le moment où la Déesse recueille l'essence d'un homme mort ou mourant : Ceridwen conçoit ainsi Taliesin en avalant Gwyon, devenu grain de blé ; Isis conçoit Horus en faisant entrer en elle la semence d'Osiris, après avoir reconstitué le corps de celui-ci[69] ; Attis, frappé de folie, abandonne en s'émasculant sa semence à Cybèle ; Adonis, blessé par le sanglier, offre la sienne à Aphrodite quand une goutte de son sang coule sur la terre, etc... Tous peuvent, dans une large mesure, être comparés au roi-berger babylonien Tammuz, uni à la Déesse Isthar par un mariage sacré, qui est l'un des plus anciens rites de fertilité attesté. Cette notion de hiérogamie sera d'ailleurs reprise par les rois sumériens, qui s'unissaient rituellement à la Déesse Inanna – incarnée par sa prêtresse- pour marquer le retour du printemps. Tammuz demeure le nom donné au mois de juillet, celui des récoltes, dans de nombreux pays du Proche Orient.

Attis perd sa semence sous un arbre, Adonis naît dans un arbre, Osiris est enseveli dans un arbre... Il n'est donc pas impensable de supposer que le rituel le plus sacré des druides – cueillir du gui dans un arbre- est en lien étroit avec le Dieu des récoltes, et donc avec le mythe de Taliesin. Pline, dans son *Histoire naturelle*, évoque d'ailleurs ce rituel, et en souligne l'importance : « *Les druides, car c'est ainsi qu'ils nomment leurs mages, ne tiennent rien pour plus sacré que le gui, ainsi que l'arbre sur lequel il pousse, pourvu que celui-ci soit un chêne* ». Le druide, de plus, se sert d'une faucille pour effectuer cette récolte, outil en forme de croissant de lune, astre dédié à la Déesse –en Gallois, Ceridwen signifie « celle qui est blanche et courbe », évoquant ainsi l'astre lunaire quand il prend l'apparence d'une faucille- : c'est donc la Déesse qui recueille

---

69   Il avait été découpé en 14 morceaux à cause d'une traîtrise de son frère Seth.

la semence du Dieu, et certains historiens ont émis l'hypothèse que c'était préférentiellement une femme druide qui accomplissait ce rite. A l'appui de l'explication symbolique de cette cueillette, on peut souligner que le suc issu des baies de gui a la couleur et la consistance du sperme humain, et que le rituel évoque ainsi pleinement le mythe de Taliesin. L'un des plus importants symboles du druidisme parvenu jusqu'à nous, souvent comme motif ornemental, y compris dans de nombreuses églises anciennes à travers toute l'Europe, n'est-il pas l'Homme Vert, ou l'Homme Feuillu, c'est-à-dire le Dieu dans l'Arbre ? On retrouve d'ailleurs cet archétype en Asie, où l'homme vert est relié au motif du Kirtimukha, qui est relié à une lila[70] de Shiva et Rahu. Le Kirtimukha se rencontre souvent dans l'art et l'iconographie tanka[71] du Bouddhisme Vajrayāna[72], dans lequel il couronne souvent la roue de l'existence karmique[73].

Le message central des mythes mettent en scène des divinités de la récolte est toujours le même : la vie a besoin de la mort. Les feuilles d'automne, en se décomposant, ne viennent-elles pas fertiliser la terre ? Et quand le blé meurt, c'est pour donner du pain, source centrale d'alimentation, et donc de vie, pour les premières civilisations agricoles. Le message de Jésus, et donc du Christianisme, est aussi typiquement celui d'un dieu de la récolte, même si des éléments du mythe sont absents : « Je meure pour que vous puissiez vivre ». En ce sens, Jésus est le *tiqoun* d'Abel : alors que la mort d'Abel était par essence inutile, celle de Jésus rachète l'humanité, et a donc la dimension d'un sacrifice accepté et récompensé. C'est aussi ce qui permet de concilier ses natures humaine et divine : il n'est pas qu'un dieu devenu homme : il est aussi un homme qui, par son sacrifice, qui est celui de toutes les divinités de la récolte, reconquiert son statut de dieu... Abel subit son destin ; Jésus choisit le sien. Cela nous livre un message qui va dans le même sans que le voyage à travers les quatre éléments : grandir spirituellement, ce n'est pas renier sa nature humaine, c'est

---

70   La danse cosmique orchestrée par les divinités
71   Rouleau peint, généralement sur un tissu, caractéristique de la culture tibétaine
72   Il s'agit d'une forme de Bouddhisme originaire du sous-continent indien, plus proche que les autres courants à la fois de l'hindouisme et du shivaïsme cachemirien. On le désigne aussi sous le nom de Bouddhisme tantrique, ce qui renvoie, une fois de plus, à l'union du Dieu et de la Déesse.
73   Représentation figurative du Samsara, généralement tenue par l'effrayant dieu Yama

la vivre pleinement, dans toutes ses facettes ; il faut être pleinement humain pour devenir pleinement divin. La vie est donc en elle-même une initiation.

Le texte de Pline, déjà évoqué, présente, outre son contenu, l'intérêt d'attester que le rituel druidique relatif au gui a été pratiqué au moins jusqu'au Ier siècle de notre ère, puisqu'il en a été témoin. A cette époque, les cultes d'Adonis, d'Osiris, ou encore d'Attis, était florissant dans tout le bassin méditerranéen, au point que l'on peut penser qu'ils se sont mutuellement influencés, si l'on passe outre les apparentes différences, déterminées par les cultures locales. Et le mythe de Taliesin, central sur une aire géographique proche, s'est nécessairement inscrit lui aussi dans cette influence mutuelle, ce qui renforce le caractère archétypal que l'on peut y trouver. Pline raconte par exemple, pour illustrer cette proximité syncrétique –ou due à une origine atlante commune, pour les plus audacieux ou les plus rêveurs des historiens-, que le rituel druidique du gui s'achevait autour du sacrifice d'un taureau blanc ; or, une description détaillée du rituel égyptien de la récolte figure sur les murs du temple funéraire de Ramsès III –le Temple de millions d'années, à Medinet Habou-, et montre qu'il culmine avec une procession dont l'un des principaux acteurs était un taureau blanc. Le taureau, symboliquement, c'est la fougue, la force créatrice indomptable, et la fécondité qui a permis d'aboutir à la récolte. C'est aussi l'importance des liens héréditaires, auxquels on a vu que les religions de la Terre, donc la religion des druides, attachent une importance déterminante. Cette importance transcende d'ailleurs les civilisations : au Sénégal, les griots, gardien de la mémoire généalogique jusqu'aux origines mythiques - et eux seuls-, n'étaient-il pas traditionnellement inhumés debout dans le tronc d'un baobab -donc dans un arbre, même si botaniquement le baobab est une herbe-, devenant ainsi l'Homme Vert ; le gardien de la lignée est le dieu de la récolte.

S'agissant des points communs archétypaux de notre mythe avec l'antique religion égyptienne, on pourra également souligner que Ceridwen avale Gwyon pour le remettre au monde, transcendé, de la même façon que Nout, déesse du Ciel, dévore chaque nuit son enfant soleil qui renaît d'elle au matin. Le conte de Taliesin peut donc aussi être lu comme un mythe cosmogonique, et ce d'autant plus que le Dieu et la Déesse de la récolte font immanquablement référence au Soleil –l'énergie masculine- et à la Lune –énergie féminine-, ces deux éléments étant, on le rappelle, immanquablement présents en chacun de nous comme ils le sont dans l'univers. Les Italiens de l'époque de Laurent de Médicis, qui ne brillaient pas particulièrement par leur haute estime de l'intellect féminin, avaient, dans un sens, une intuition de notre double nature énergétique, qu'ils exprimaient par le terme *virago* – qui n'avait pas le sens de « mégère » qu'on lui a donné plus tard, mais étymologiquement celui de femme avec une ego d'homme (*vir* en latin), donc un comportement et des centres d'intérêt considérés comme masculins-.

Les influences réciproques entre les spiritualités druidiques et égyptiennes ont pu trouver un creuset dans le monde gréco-romain, avec lequel ces deux civilisations étaient en rapport. On prétend d'ailleurs que les mathématiques dites pythagoriciennes étaient connues des druides bien des siècles avant Pythagore, comme en attesterait la géométrie des cercles de pierres anciens, et qu'un druide nommé Abaris aurait rendu visite au philosophe, en Grèce, échangeant ainsi avec lui des connaissances qu'il sera le premier à coucher sur le papier, un tel savoir étant, dans l'optique druidique, trop précieux pour être figé. Quoi qu'il en soit, le caractère archétypal du mythe de Taliesin nous permet de faire apparaître tout un réseau de cultures apparentées, où les mots et les récits changent en fonction des temps et des lieux, mais où le savoir ésotérique est essentiellement le même. Comment s'en étonner ? Il s'agit, dans tous les cas, d'expliquer les mêmes événements de la vie, en se référant aux mêmes cycles naturels, dans une universelle quête de sens, comme le souligne fort bien Charles Baudelaire dans ces quelques vers de *Correspondances* :

> *« La Nature est un temple où de vivants piliers*
> *Laissent parfois sortir de confuses paroles;*
> *L'homme y passe à travers des forêts de symboles*
> *Qui l'observent avec des regards familiers.*
>
> *Comme de longs échos qui de loin se confondent*
> *Dans une ténébreuse et profonde unité,*
> *Vaste comme la nuit et comme la clarté,*
> *Les parfums, les couleurs et les sons se répondent. »*

Voilà pourquoi les druides estimaient que la Vérité n'est jamais unique, et encore moins en matière de spiritualité qu'ailleurs : il y a tant de chemins permettant de faire aboutir la même quête, pourquoi serait-il sage de vouloir que tout le monde emprunte le même ? Les apparences multiples pour exprimer une essence unique seront aussi au centre du monde des Idées, cher à Platon : tous les chevaux sont différents, mais nous les reconnaissons tous comme tels, car il existe, comme une sorte de moule, une idée essentielle de « chevalitude » à laquelle nous pouvons nous référer pour déterminer si nous nous trouvons bien face à cet animal. Des Idées de Platon aux archétypes de Jung, pourquoi se battre pour des différences d'expression apparente, fussent-elles spirituelle ? Le Christianisme, bien que considéré comme particulièrement dogmatique et doctrinaire, exprime, par la bouche de Jésus, cette multiplicité de la vérité et des chemins qui y mènent, en particulier dans *Jean 14:2*, où il est écrit : *« Il y a de nombreuses demeures dans la maison de mon Père »*, traduisant l'idée essentielle qu'il existe plusieurs façons de parvenir à la réalisation spirituelle. Le dogmatisme ou le prosélytisme sont d'ailleurs rarement le message central d'une spiritualité : ils sont quasi systématiquement une forme dévoyée du message. Les traditions de sagesse sont donc une vaste tapisserie, et choisir sa voie ne retire pas nécessairement toute valeur aux autres, tant que les valeurs essentielles quant à la vie et à la relation à soi-même, aux autres et au monde se trouvent respectées.

Si les traditions spirituelles ne sont pas isolées, et si aucune ne peut, comme on l'a vu, se présenter comme l'unique voie, cela ne retire rien au fait que chacune ait ses qualités intrinsèques, s'enracinant dans la sagesse ancestrale du territoire où elles ont vu le jour. Il en va ainsi du druidisme, expression des valeurs du paysage celtique, donc de la spiritualité indigène[74] européenne. Et le conte de Taliesin nous fournit maints éléments de connaissance et de compréhension de cette tradition druidique...

Nous en sommes donc arrivés, dans notre analyse du récit, au point où Gwyon meurt pour renaître en Taliesin. *Valar morghulis[75]*, comme il est exprimé dans la série *Game of Thrones*, mais ici, c'est pour mieux renaître... Pour que Gwyon meurt et renaisse, Ceridwen, sous la forme d'une poule, avale Gwyon qui féconde son ovule, c'est-à-dire son œuf. C'est le grain de blé qui féconde l'œuf, exprimant ainsi la jonction de la culture et de l'élevage, de la

---

74   Dans le sens premier : native du territoire concerné.
75   Tous les hommes doivent mourir

société agricole et de la société pastorale ; la poule qui dévore le grain met ainsi en scène les deux sources de nutriments –animale et végétale- de l'humanité, et leurs relations entre elles. De plus, c'est la poule qui pond l'œuf, cet œuf si souvent évoqué dans les spiritualités véhiculant l'idée de renaissance, comme le culte d'Osiris en Egypte ou celui de Mythra en Perse.

En tant que fille d'une déesse qui se transforme en poule, Creiwyl, la sœur jumelle d'AfangDu, est parfois désignée comme l'Oeuf Sacré, ou l'Oeuf de Cristal ; chaque druide était d'ailleurs censé posséder un œuf de druide[76], et qui servait à ses rituels magiques, notamment quand il s'agissait de rituels de guérison. Pline y voit d'ailleurs le bien le plus précieux du druide, sorte de catalyseur de son pouvoir. S'agissait-il, sur un plan matériel, d'une ammonite, d'un oursin, d'un fossile en forme d'œuf ou d'un talisman en verre –rappelons que les Pherrylls, en plus de leurs qualités d'alchimistes, étaient réputés pour être des verriers- ? Nul ne le sait. Mais ce qui est certain, c'est que l'œuf est symboliquement un incubateur, donc un bon point focal pour la régénération de soi et pour la croissance spirituelle. Creiwyl partage un peu de la puissance de sa mère, car l'œuf contient en germe les mêmes principes de développement et de transformation que le chaudron –mais il faudra prendre le temps de se retirer du monde pour changer de forme dans la matrice, dans le nid, ou au plus profond de soi. De ce point de vue, on peut estimer que derrière la chaumière de Ceridwen, se profile l'idée du temple-dolmen, ventre de la Terre Mère où l'on peut effectuer un retour sur soi –c'est ce que fait Gwyon pendant les un an et un jour passés aux côtés de Morda-, aller chercher la mort symbolique, la renaissance et l'initiation. Les dolmens ne portent-ils pas, encore de nos jours, au Pays de Galles, le nom de « cours de Ceridwen » ? Ils sont ainsi la matrice de la déesse, le lieu où l'on meure pour devenir. Et Ceridwen, avalant le grain de blé, symbole solaire, est pleinement Nout.

On voit, à travers ces éléments, que le mythe de Taliesin nous conduit immanquablement à évoquer l'éclipse solaire, si importante pour les populations celtes, comme dans de nombreuses civilisations anciennes, d'ailleurs. La mort, puis la renaissance de Gwyon, en sont la parfaite illustration, puisqu'au

---

76   Aussi nommé pierre à serpents

cours d'une éclipse totale de soleil, la lune –le principe féminin, la Déesse, Ceridwen- semble bel et bien dévorer ce dernier, comme la poule noire le fait de Gwyon, ce qui ne peut astronomiquement avoir lieu que lors de la Nouvelle Lune, alors qu'elle apparaît comme le plus mince des croissants ; c'est bel et bien la déesse « blanche et courbe » qui dévore le soleil. Symboliquement, une éclipse totale de soleil marque le terme d'un cycle, et est une mort qui laisse immanquablement la place à une renaissance : c'est pourquoi le récit biblique de la Crucifixion comporte une telle éclipse, annonçant pour qui sait voir la résurrection imminente.

Dans l'éclipse totale, pour permettre la renaissance, la Lune et le Soleil doivent s'unir pour ne plus sembler faire qu'un, faire l'amour afin de donner naissance à un enfant nouveau, ce qui n'arrive que quand la lune recouvre entièrement le soleil. De nombreux peuples, des Tahitiens aux Zoroastriens, évoquent cet instant comme une union du firmament, qui symbolise aussi le mariage intime des aspects masculins et féminins de notre psychisme : c'est dans la phase de maturation, consubstantielle à toute initiation, que l'on peut trouver son unicité, et être, plus que jamais, en accord avec soi-même –avec tous les aspects de soi-même-. Les Noces alchimiques, parfois nommées Noces chimiques, illustrent ce même chemin vers la maturité spirituelle ; c'est l'individuation de la psychologie jungienne. Le druide, le sage, pour les Celtes, c'est celui qui a mené à bien ce processus – et Jules César a noté, dans sa *Guerre des Gaules*, qu'il fallait nécessairement au moins 19 ans pour parvenir à cela. Or, 19 ans, c'est la durée minimale qu'il faut attendre pour que la lune, dans une quelconque de ses phases, rencontre à nouveau le soleil un même jour de l'année : un cycle complet est alors accompli, l'initiation est achevée, et la nouvelle naissance peut avoir lieu. Ce cycle de 19 ans a d'ailleurs été mis en lumière dès 430 avant notre ère par l'astronome athénien Méton, qui le découvrit en essayant de faire correspondre un calendrier solaire et un calendrier lunaire, et son ajustement s'avéra si précis qu'il fut repris pour l'établissement des calendriers liturgiques juif et chrétien, et qu'il eut une influence sensible sur l'astronomie hindoue. La science moderne a depuis confirmé la pertinence de ses calculs.

C'est en l'occurrence l'observation des solstices qui permit à Méton de déterminer précisément ces cycles, or cela faisait, à l'époque, déjà au moins deux millénaires, si ce n'est plus, de les druides mesuraient soigneusement les solstices et les équinoxes, à l'aide de leurs gigantesques observatoires, tels que New Grange ou Stonehenge. Jules César nous confirme donc que les druides savaient qu'il fallait 19 ans pour observer une telle conjonction du soleil et de la lune, et nous donne à penser qu'il estimait que ce cycle valait aussi pour la croissance spirituelle d'un individu : lorsque toute les possibilités ont été vécues, l'Enfant Nouveau, le Druide, le Dieu, voit le jour… Le druidisme est donc une école de patience et de persévérance.

L'historien Hécatée, au VIIème siècle avant Jésus-Christ, évoque lui aussi l'importance de ce cycle de 19 ans pour les druides, à propos du pays de Hyperboréens, généralement identifié à la Grande-Bretagne : « *On raconte aussi que le Dieu rend visite aux îles tous les dix-neuf ans, période au bout de laquelle les étoiles retrouvent leur même position dans les cieux* ». Soulignons aussi que 19 ans, à cette époque ancienne ou la longévité était très certainement moindre qu'à présent, c'était sans doute plus ou moins une génération –l'écart d'âge moyen entre un parent et son enfant-, et que le cycle initiatique est donc en profonde corrélation avec le cycle de la vie.

Observer une éclipse totale de soleil, voir le soleil englouti par la lune, c'est donc observer le Dieu Soleil, grand ordonnateur des récoltes, se faisant dévorer par la Déesse Lune, qui est la Terre Mère, et voir le processus de l'initiation débuter et aboutir.

Visiter l'intérieur de la terre : de l'incubation à l'initiation

Si l'histoire de Taliesin raconte symboliquement le parcours d'une initiation druidique et donc, par analogie, de toute initiation, cela implique que le mythe nous enseigne que pour nous transformer et grandir, trouver l'illumination et la plénitude du pouvoir créatif, il nous faut, nous aussi, nous laisser dévorer par la Déesse. Le sens de cette nécessité métaphorique, son message, c'est que trouver la sagesse nécessite de se livrer totalement, avec une confiance sans borne, à la puissance de l'énergie féminine, celle qui assure la gestation, donne naissance, nourrit et élève la vie nouvelle –dans les deux sens du terme : élever un enfant, mais aussi transcender ; c'est pour cela que Taliesin est plus que Gwyon ne l'aurait jamais été : par la grâce de l'abandon au pouvoir du Féminin Sacré.

Pour renaître, il faut d'abord mourir ; pour vivre pleinement l'initiation, il nous faut défaire ou trancher tous les liens qui nous enchaînent à notre ancien mode de vie. La croissance spirituelle ne va donc jamais sans douleur et sans renonciation, et les doutes qui jalonnent un parcours initiatique traduisent la difficulté de sortir de sa zone de confort. Le mythe nous indique donc que notre attachement, si légitime soit-il, à nos habitudes, à notre milieu familier, peut constituer une entrave au moment de sauter dans le vide, d'avancer dans l'inconnu, dans l'obscurité, même si nous savons que seul ce chemin nous ramènera finalement, transformé et grandi, vers la lumière... La Franc-Maçonnerie respecte en tous points ce processus initiatique puisque on doit s'y défaire de ses métaux –c'est-à-dire de son attachement aux passions, aux choses matérielles et quotidiennes-, et que quand vous venez chercher les Lumières de la maçonnerie, on commence immanquablement par vous bander les yeux.

Examinons donc brièvement ce que recouvre, pour les francs-maçons, ce concept de lumière, en soulignant tout d'abord que la lumière a fait l'objet d'une interprétation symbolique dès que les hommes se sont mis à croire dans un au-delà, à concevoir des rites de passage et des parcours initiatiques. Cette importance de la lumière pourrait d'ailleurs bien renvoyer à une possible déification du feu dans les sociétés préhistoriques, puisque, synonyme à la fois de chaleur, de sécurité, et de nourriture plus facile à consommer et à digérer, il était sans conteste un véritable symbole de vie. *La Guerre du Feu*, de Rosny Ainé, quoi qu'il s'agisse d'un roman, permet d'appréhender l'importance de cet élément, surtout dans les périodes les plus anciennes, où l'on savait le conserver, main non le produire, et le profond désarroi dans lequel sa perte pouvait plonger un groupe. Comment s'étonner, dès lors, que la lumière, produite par le feu on non, se soit vue dotée de vertus surnaturelles ?

La Lumière s'opposant symboliquement à l'obscurité, aux ténèbres, on l'associe souvent à la sortie de l'état d'ignorance. L'Homme dort au plus noir de la nuit ; quand se lève le voile de l'obscurité, il peut donc enfin voir, comprendre et agir. Le candidat à l'initiation maçonnique, plongé dans les ténèbres symbolisées par le bandeau –et qui sont en fait les préjugés et l'ignorance-, recevra donc la lumière à l'issue de ses quatre voyages, faisant ainsi ses premiers pas dans les Mystères et dans la connaissance. Toutes les spiritualités s'appuyant sur des Mystères procèdent plus ou moins de même, plongeant le candidat dans les ténèbres –épreuve de la Terre et épreuve d'introspection où l'on se retrouve seul face à soi-même- avant de lui accorder la Lumière… Pourquoi épreuve de la Terre ? Eh bien, tout simplement, parce que c'est l'épreuve que vit Gwyon dans la matrice de Ceridwen, la Déesse de la récolte, la Terre Mère. Et toute loge maçonnique est orientée de l'Occident – direction du soleil couchant- à l'Orient –celle du soleil levant-, pour rappeler que la démarche initiatique mène vers la Lumière ; il appartient ensuite à chaque Frère et à chaque Sœur d'avancer sur ce chemin.

La Lumière est immanquablement associée à la Vérité, tout autant qu'à la Connaissance. Mais quelle peut en être la signification dans la pensée des druides, pour qui la vérité s'écrirait forcément sans majuscule, puisqu'elle est par essence multiple ? Pour eux aussi, la Lumière est le chemin de la vérité, mais pas d'une vérité absolue : il s'agit de la vérité individuelle que chacun doit trouver par lui-même et pour lui-même, et qui est en quelque sorte un autre nom pour cette unicité que nous avons déjà évoquée. Au fonds, la vérité druidique ressemble à la fraternité maçonnique, cette fraternité qui pousse à écouter l'autre avec respect, en cherchant à éclairer notre point de vue du sien, sans jamais mépriser un argument sans l'avoir entendu et compris. On reconnaît un franc-maçon, on reconnaît un véritable initié, à quelque chose qui ne se résume pas à la qualité d'écoute, mais qui la contient. Le Frère Antoine de Saint-Exupéry n'exprimait-il pas cette idée fort druidique d'une vérité individuelle au sein d'une Lumière unique lors qu'il écrivait : « *Si tu diffères de moi, mon Frère, loin de me léser, tu m'enrichis* » ? C'est du choc des idées que jaillit la Lumière, comme le feu jaillissait dans les campements préhistoriques en entrechoquant silex et pyrite…

Si l'on dit souvent d'une personne décédée qu'elle est « entrée dans la Lumière » ou, en franc-maçonnerie, qu'elle est « passée à l'Orient Eternel » -l'Orient étant la direction du Soleil Levant-, c'est parce que l'on reconnaît implicitement, et parfois inconsciemment, la mort comme l'ultime initiation, et comme l'indispensable prélude à toute renaissance : en entrant au tombeau, en reposant dans les entrailles de la Terre –celles qu'il faut explorer pour pouvoir rectifier, se rectifier, et réaliser ainsi le Grand Œuvre alchimique-, on entre dans les ténèbres, mais c'est ce qui permettra de retrouver la Lumière, après s'être transcendé : ce n'est qu'après avoir séjourné dans la matrice de Ceridwen que Gwyon devient enfin Taliesin. En ce sens, toute initiation parle, même si cela demeure dans certains cas implicite, de renaissance et de réincarnation.

La recherche de la Lumière n'est pas un dogme : elle est un art – et quoi de plus normal, puisque l'illumination implique aussi la libération et la réalisation de son pouvoir créatif ? Elle est donc un état d'esprit permanent, qui gagne à être cultivé et partagé, même si ses fulgurances, elles, comme nous l'avons déjà évoqué, ne sont généralement pas permanentes.

Ajoutons que, si descendre dans l'obscurité pour mieux trouver la Lumière, réellement ou symboliquement, est une démarche initiatique éprouvée, c'est aussi une pratique qui a fait ses preuves au cours des expériences de psychologie menées dans les années 1960-1970, qui ont démontré l'efficacité de la privation sensorielle pour générer des états altérés de conscience. Ces expériences reprenaient en quelque sorte le chemin des initiations chamaniques, encore pratiquées chez certains peuples, notamment amérindiens, où le futur chaman doit se retirer seul dans un lieu sombre, sans boire et sans manger, pour une durée variable, afin de recevoir l'illumination et de « trouver sa vision ». On pense même qu'une telle pratique, sous une forme un peu allégée, ou du moins dans une temporalité contrôlée, a pu faire partie des rites de passage à l'âge adulte chez ces mêmes peuples. Vu la nature chamanique, déjà soulignée, de la spiritualité druidique et de la société celte, il est donc légitime de se demander si le séjour de Taliesin dans la matrice de Ceridwen décrit spécifiquement une phase d'un rite initiatique de la caste sacerdotale, ou si il évoque aussi un moment au vécu beaucoup plus largement partagé, si ce n'est par l'ensemble de la population, du moins par ses élites. Les écoles de méditation, à travers le temps et l'espace, des moines Bons de l'ancien Tibet aux amateurs de New-Age, considèrent d'ailleurs cette privation sensorielle, ou du moins ce désintérêt momentané pour les messages des sens, comme un formidable vecteur de croissance et de transformation spirituelle.

Il y a aussi une forte dimension astrologique dans le fait que Gwyon soit avalé sous la forme d'un grain de blé -symbole solaire-, pour finalement renaître en tant que Taliesin et exprimer ainsi le meilleur de lui-même: le soleil, en astrologie, n'est-il pas le Moi extérieur, et l'athanor qu'est le ventre de la Déesse ne lui permet-il pas de devenir ce qu'il est, c'est-à-dire exprimer comme son nouveau Moi extérieur des qualités intrinsèques qui seraient sans cela demeurées latentes. Trouver l'Awen, c'est non seulement recevoir l'inspiration et reconnaître sa vérité, mais c'est aussi acquérir la capacité d'incarner sa vérité et de l'offrir au monde. La véritable illumination ne passe donc jamais par le dogme, même si elle peut parfois s'appuyer dessus : elle est avant tout l'expression, personnelle et unique pour chacun, de la part de divin en nous-même, et une sorte de démonstration de l'immanence. Aucune expérience ne saurait ainsi être plus profonde qu'exprimer sa propre vérité, son étincelle de divinité, et d'y trouver un écho dans le regard de l'autre. C'est ce que vit Gwyon, enfin devenu Taliesin, quand Ceridwen le met au monde et le regarde avec amour et admiration : elle a enfin reconnu en lui l'aboutissement de sa propre quête et l'étincelle de divinité qui en fait son égal, digne d'être le Dieu aux côtés de la Déesse.

Le mythe de Taliesin nous délivre un autre message important et complémentaire de ce que nous venons d'évoquer : tout comme la lumière, l'obscurité renferme un pouvoir de guérison, mais c'est une guérison d'une nature différente, qui passe avant tout par le lâcher-prise et par la reconnaissance de ses sentiments et de ses émotions, y compris et surtout ceux que nous préférerions garder loin de la surface de la conscience. L'obscurité, en fait, nous permet de faire émerger ce que nous voudrions y conserver, et que le constant éblouissement de la lumière et de l'activité nous aidait à garder dans l'ombre. Cela signifie aussi que dans tout travail sur soi, il faut savoir reconnaître et accepter l'importance des périodes où nous ne travaillons pas : s'il ne s'y passe rien en apparence, beaucoup de mécanismes subtils peuvent être à l'oeuvre dans l'inconscient et l'obscurité. Qu'adviendrait-il d'une plante que l'on déplanterait chaque jour pour vérifier si ces racines se développe ? L'hibernation, la vacuité, le terre qui se repose après la moisson, sont toutes des expressions du processus de gestation qui permettra à la Déesse de mettre au jour son enfant divin. La solution à un problème émerge ainsi souvent quand on est parvenu à cesser d'y penser... L'obscurité n'est donc pas nécessairement un renoncement : elle est avant tout l'acceptation du processus de maturation, où nous mettons nos efforts en veilleuse pour simplement faire confiance à la vie.

Tout ceci permet de comprendre à quel point la créativité est nécessairement cyclique, comme les saisons, comme les célébrations sur la Roue de l'Année, comme la grossesse, comme les phases de la lune... C'est la vacuité qui permet le retour vers la plénitude, mais il faut pour cela semer les graines de l'inspiration, puis leur laisser le temps de germer. C'est pourquoi une initiation n'est jamais une fin en soi, mais juste un premier pas sur le chemin, un chemin qui compte plus que le but, au fonds souvent très théorique ou très symbolique, auquel il conduit.

Dans cette même logique, le conte de Taliesin nous enseigne l'intérêt de lier le jeûne, épreuve d'obscurité, car il est une forme de privation sensorielle, et ce d'autant plus qu'il adjoint souvent aux restrictions alimentaires des contraintes en matière d'habillement et d'intimité du couple, à une démarche de retour sur soi ou sur une période de sa vie. Même quand un jeûne est expiatoire ou oblatif, il est généralement conçu pour être, simultanément, un moment de prise de conscience et de croissance spirituelle ; il en va ainsi de Yom Kippour -sans doute la tradition la plus observée du Judaïsme, même par les gens peu ou pas pratiquants-, qui lie à un jeûne strict de 25 heures une dimension de mortification, mais aussi de retour sur soi. En effet, il ne s'agit pas d'obtenir un pardon -celui de Dieu-, mais d'en obtenir et d'en accorder trois : outre le pardon divin, qui est bien entendu une dimension essentielle, il faut apprendre à pardonner aux autres et à solliciter leur pardon. Or, pour mener cette démarche à bien, il est indispensable de pouvoir se pardonner, profondément et sincèrement, à soi-même, donc de pouvoir effectuer une véritable introspection personnelle, inévitablement facilitée par le jeûne et la cessation de toute activité. Il est d'ailleurs légitime de penser que l'observance très large de cette journée vient sans doute autant du bénéfice personnel que ceux qui s'y impliquent en retirent -l'occasion annuelle de se remettre en accord avec soi-même- que de l'attachement à la tradition -même si cet attachement joue un rôle indéniable-.

Le druidisme qui, comme le Judaïsme, faisait débuter chaque journée à la tombée de la nuit, prescrivait à ses initiés une journée de jeûne avant chacune des huit grandes fêtes rythmant l'année ; l'absence de documents écrits nous empêche, malheureusement de savoir quel était le sens attaché à ces jeûnes, et à quel point ils étaient suivis. On peut par contre souligner que ces jeûnes, épreuves d'obscurité, sont à chaque fois rompu par la célébration de la Lumière, que ce soit celle du feu dans les fêtes marquant les entrées de saison, ou celle de l'astre du jour lors des solstices et des équinoxes.

Trois incubations pour une transformation

Sans revenir sur le symbolisme, déjà amplement évoqué, du chiffre Trois, on doit ici souligner que les trois incubations nécessaires à Gwyon pour devenir Taliesin -les un an et un jour passés près du chaudron, les neuf mois dans le ventre de Ceridwen, puis la période dans le panier de jonc et d'osier- font écho non seulement aux trois catégories présentes au sein de la caste sacerdotale celte[77], mais aussi au fait que l'initiation dans les spiritualités à Mystères comporte presque immanquablement trois degrés, de l'antique culte d'Isis aux loges maçonniques actuelles[78] en passant par le néo-druidisme contemporain. Ou même par l'Ordre Jedi dans Star Wars -saga où l'on trouve en filigrane la réécriture moderne de bien des mythes, et en particulier de mythes liées à l'épopée arthurienne-, où l'on est successivement Padawan, Chevalier Jedi, puis Maître Jedi ; la Force des Jedi ne serait-elle pas, d'ailleurs, une métaphore de l'Awen ?

Le conte de Taliesin raconte une histoire linéaire, mais ces trois incubations nous permettent de comprendre que la croissance spirituelle, elle, n'est pas linéaire, et qu'elle n'est en aucun cas une question que l'on peut régler une fois pour toute en faisant par exemple une unique fois dans sa vie une retraite spirituelle. La croissance spirituelle, l'initiation, serait en fait assez bien représentée par un chemin en spirale ascendante, où il est nécessaire de repasser par un point déjà parcouru, mais en l'abordant d'un point de vue plus élevé. Alors pourquoi trois incubations, pourquoi trois étapes plutôt que quatre ou vingt-sept ? Le Trois est par essence le nombre de la plénitude et de la

---

77   Même si le mot de « caste » est impropre : même s'il n'est pas exclu qu'il y ait eu des familles où l'on était druide de père en fils ou de mère en fille, l'accès à cette fonction se faisait par un long apprentissage -19 ans!-, et non par l'hérédité. On peut donc davantage parler d'un phénomène très fréquent, y compris d'un point de vue profane, de reproduction sociale, plûtot que de caste.
78   Il y a beaucoup plus de trois degrés dans certains rites maçonniques (jusqu'à 99 au rite égyptien de Memphis-Miraïm, par exemple), mais tous considèrent que les trois premiers -Apprenti, Compagnon et Maître- confèrent lla plénitude de l'initiation.

réalisation, puisqu'au travers de l'image du père, de la mère et de l'enfant, il nous fait comprendre que l'on naît à sa nouvelle vie spirituelle, à sa réalisation, au travers du même processus trinitaire qui nous a amené à la vie physique. Ainsi, le Trois exprime aussi le fait que c'est de la conjonction des énergies féminine et masculine que naît un être nouveau : les énergies féminine et masculine des parents s'agissant d'une naissance physique, les énergies féminine et masculine en nous quand on parle de croissance spirituelle.

Si, lors de la première incubation, alors qu'il veille sur le chaudron, Gwyon est inconscient qu'il est sur le chemin de l'illumination et de la renaissance, lors de la seconde, dans la matrice de Ceridwen, il se sait en train de vivre un processus de transformation. L'histoire nous enseigne donc l'énorme différence entre une transformation subie, sans rien comprendre de ce qui est en train de nous advenir, et une transformation consciente, que nous pouvons accompagner. Nul ne peut éviter de traverser les épreuves qui le feront grandir, mais le faire consciemment en s'attacher à en tirer les leçons est par contre un choix. Et la gestion du changement est moins violente quand on l'accompagne que quand on le subit : si la première incubation donne lieu à une effrayante poursuite dont l'enjeu n'est rien de moins que la vie de Gwyon, la seconde le conduit dans les bras aimants de la Déesse. Comprendre que l'on peut vivre des périodes d'obscurité, mais qu'elles sont ferments de transformation et que la Lumière est immanquablement au bout, c'est rompre le sortilège -par exemple celui qui nous pousse à croire qu'un état dépressif sera éternel-. Le mythe de Taliesin nous apprend donc ici la leçon, très bouddhiste, de l'impermanence : rien ne dure éternellement en ce monde, pas même la douleur. Mais la philosophie druidique complète cet enseignement d'une dimension cyclique, où l'on célèbre Yule, au Solstice d'Hiver, au plus noir de la plus longue nuit de l'année, comme l'heureux signe du prochain retour de la Lumière.

Des incubations successives de Gwyon, nous apprenons que l'expérience de l'obscurité n'est pas nécessairement associée à une période difficile : nous pouvons apprendre à apprécier la puissance et le calme du noir, que nous expérimentons au moment de nous endormir, ou souhaiter nous accorder un temps propice à la solitude et à l'introspection. Ce dernier point peut être aisément illustré par le nombre de visiteurs toujours plus grand qu'accueillent les monastères proposant des retraites spirituelles ;

pour la plupart, ce n'est pas une démarche religieuse -ils peuvent
tout aussi bien être d'une autre confession, voire agnostiques-,
mais la volonté de se couper des bruits, du monde, pour se
retrouver seul avec soi-même et faire le point dans une période
délicate ou stratégique de leur vie, qu'il s'agisse d'un divorce, d'un
changement de cap professionnel, ou encore de la perte d'un être
cher... Si l'expérience de l'obscurité n'est pas nécessairement
douloureuse, elle est généralement cathartique.

Quand Gwyon est avalé par la Déesse, il a déjà goûté l'Awen, et
c'est en cela que son expérience est différente, et qu'il peut la vivre
en pleine conscience. *« On ne se baigne jamais deux fois dans le
même fleuve »*, disait Héraclite d'Ephèse[79], suggérant par là que si
nous y revenons, le fleuve a changé, et nous également. De la même
façon, non seulement le creuset de la deuxième incubation est très
différent de celui de la première, mais Gwyon, déjà transformé et
transcendé par sa première expérience, n'est plus non plus le
même.

La suite du récit est moins aisée à interpréter : pourquoi
Ceridwen renonce-t-elle à lui à peine l'a-t-elle mis au monde, alors
que cet enfant dans lequel elle perçoit le reflet de sa propre divinité
est l'aboutissement même de sa quête ? On doit très certainement y
voir une leçon de confiance et de renoncement, de sacrifice et de
synchronisme. C'est aussi un symbole du paradoxe absolu de la
maternité : l'enfant, qui est le plus grand accomplissement
personnel qui soit pour une mère, ne s'accomplira pleinement lui-
même qui si sa génitrice, le temps venu, sait lui faire don de son
autonomie, renonçant sans cesse à lui en espérant toujours qu'il
reviendra vers elle... Etre mère, c'est renoncer, mais renoncer pour
laisser grandir et s'épanouir celui -ou celle- en qui on voit son
prolongement et la meilleure part de soi, et faisant confiance à la
vie pour que s'enclenche, dans ce cas précis, le cycle de l'éternel
retour. Le lâcher prise, le renoncement, évoquent une forme de
passivité, Ceridwen nous montre ici que ces traits peuvent aussi
être actifs, volontaires et généreux : si elle renonce à son enfant,
c'est parce qu'elle sait ce sacrifice nécessaire pour qu'il
accomplisse pleinement son destin, un destin plus noble que celui
qu'il pourrait trouver dans son ombre. Faire passer ainsi les
besoins de son enfant avant les siens propres fait un archétype de

---

79   533-475 avant J.C.

la Mère de ce personnage que l'on avait vu, un peu plus tôt dans le récit, doté de qualités très masculines d'activité, voire d'agressivité.

Notons, de plus, qu'elle fait confiance à l'eau, au courant -au courant de la vie?- pour l'emmener vers sa destinée, comme ce fut le cas pour Moïse, également dans un panier d'osier tressé, ou encore pour Osiris dans son coffre. L'élément Eau, quand il s'agit d'eau courante, parle non seulement de connexion à nos émotions, mais aussi du fait que ce sont celles-ci qui nous mettent sur la voie de notre destin, nous conduisant là où nous ne serions jamais allés sans elles. Mais cette eau courante, active, bouillonnante, n'est pas le creuset d'une acceptation passive : il s'agit de décider quand il nous faut tenir fermement à nos rêves et quand il faut se fier à un courant plus profond nous suggérant qu'il faut nous séparer de quelque chose -d'une part de nous-mêmes?- au lieu de nous y accrocher. Si le renoncement peut être un chemin mystique, il ne l'est pas si il est une fin en soi : il doit être actif, pensé, voulu, ou du moins pleinement accepté.

Renoncer, c'est entrer dans le noir au lieu d'y résister, faire passer ses propres besoins après quelque chose de plus important : Ceridwen sait que Taliesin, élevé par Elfin, deviendra un plus grand poète et prophète qu'il ne le serait jamais devenu dans la maison de sa mère : c'est là toute l'importance de la figure symbolique du Père, qui doit donner à la mère assez de confiance en lui, et en elle, pour laisser l'enfant accomplir pleinement son destin. Mais le renoncement de la mère est aussi indispensable et aussi actif, pour cela, que la dimension rassurante du père.

Dans une interprétation plus large, renoncer pour le plus grand bien peut signifier renoncer pour le bien commun, et donc se sacrifier pour l'intérêt général. Une telle thématique n'est pas du tout surprenante : chez les Celtes, comme chez la plupart des peuples à la spiritualité basée sur une religion de la Terre, la famille, la lignée, priment l'individu, et la tribu prime la famille, d'une façon tellement ancrée qu'elle est entièrement spontanée, et pas nécessairement considérée comme aussi admirable que dans notre société, souvent très individualiste. C'est la confiance en la vie, la sérénité intérieure permettant le sentiment que tout ira pour le mieux, qui permet de renoncer ; c'est pour cela que la spiritualité conduit souvent à la générosité et à la solidarité, et pas seulement en raison d'une quelconque obligation morale. La confiance en la vie est nécessairement plus grande quand on lui conçoit un sens au-delà des aléas du quotidien, quand on n'oublie pas de percevoir en toute chose, ou du moins dans certaines choses, une parcelle de divin qui ré enchante le monde. Il existe, de plus, une relation étroite entre la confiance et la chance, car nos attentes conditionnent la façon dont nous vivons le monde : souvenons-nous, ainsi, de *Candide*, de Voltaire, et des visions du monde pour le moins contrastées de Pangloss, l'éternel optimiste, et de Martin, concentré sur la noirceur du monde... Quel contraste saisissant, et illustratif de notre propos ! Cette relation étroite est aussi exprimée par l'auteur de science-fiction Robert A. Heinlein quand il écrit : « *Ne devenez jamais pessimiste. Un pessimiste a plus souvent raison qu'un optimiste, mais l'optimiste s'amuse plus — et aucun des deux ne peut arrêter la marche du monde.* »

Se méfier de la Vie, c'est faire du temps un ennemi qu'il faut combattre sans cesse, alors que si nous savons lui faire confiance, le temps devient notre allié, et se met à travailler pour nous. Ceridwen sait ainsi reconnaître le bon moment : quel aurait été le sort de Taliesin, et aurait-il été trouvé par Elfin, si elle l'avait confié au courant un jour plus tôt ou plus tard ?

CONCLUSION

Bien entendu, l'histoire de Taliesin ne prend pas fin quand il est trouvé par Elfin près du déversoir à saumons : dans une large mesure, c'est même alors qu'elle commence, et la suite a fait l'objet de nombreux récits tant en Irlande et en Ecosse qu'en Bretagne et au Pays de Galles. Mais c'est à ce moment que le voyage initiatique de Gwyon se termine : il a traversé tous les éléments, toutes les épreuves, toutes les transformations alchimiques, et est devenu celui qu'il était destiné à être. Il s'est réalisé et est devenu à la fois l'archétype, par essence celtique, du barde, du prophète et du druide, et celui, universel, de l'initié, du sage, du mage...

Ce voyage au cœur du mythe nous a permis de voir à quel point ses thématiques sont actuelles, et qu'il serait aisé de le lire à la lumière des théories de Carl Gustav Jung, par exemple, ou d'en faire un vecteur d'interprétation de bien des malaises, individuels et collectifs, de notre société. L'universalisme des mythes ne s'exprime pas seulement dans l'espace : il s'inscrit aussi dans le temps. C'est l'un des messages de ce récit qui trouve probablement sa source, comme nous l'avons vu, à l'époque néolithique : le mythe de Taliesin trouve un écho en nous parce qu'il parle de l'être humain, non pas réduit à sa seule dimension sociale, contingente, mais à sa nature profonde, que beaucoup de spiritualités, à travers le monde, évoquent et célèbrent d'une manière assez semblables, malgré des différences apparentes.

Si l'on peut parfois rattacher de telles similitudes à une influence directe -on a vu comment les premiers monastères chrétiens sont devenus, à leur insu, des vecteurs de survivance de la pensée druidique-, elles résultent, la plupart du temps, de la découverte des mêmes questions et des mêmes réponses, dans les époques reculées où prirent naissance les religions de la Terre, un peu partout sur la planète. Le Judaïsme, comme nous avons eu l'occasion de l'évoquer, a gardé la trace de ces croyances plus anciennes, n'effaçant pas la symbolique agricole de ses célébrations, mais leur adjoignant au fil du temps une dimension historique ; cela permet de trouver bien des proximités avec la tradition celtique, comme par exemple le fait de saluer les six directions lors de la fête de Souccot, pratique attestée dans la plupart des rituels druidiques.

L'Histoire n'a pas laissé à la spiritualité des druides l'occasion de poursuivre son évolution, et il serait présomptueux et hasardeux faire trop de suppositions à ce sujet. Mais tous ces éléments nous permettent clairement d'affirmer que quand nous déclarons que notre culture est judéo-chrétienne, nous ne renions pas nos racines celtes : nous les réaffirmons, à travers leur héritage direct et indirect. Avec une plongée dans les arcanes de notre psychisme et un voyage tumultueux à travers les éléments, Taliesin nous aura donc aussi offert une précieuse voie vers notre héritage individuel et collectif, vers ce que nous portons en nous et ce que nous devons transmettre... C'est un précieux cadeau.

www.ingramcontent.com/pod-product-compliance
Lightning Source LLC
Chambersburg PA
CBHW052033150726
48002CB00002B/579